【実践】
価値創造経営

財務・非財務の連鎖で企業価値を向上する

PwC Japanグループ 編著

ダイヤモンド社

はじめに

　日本経済はバブル崩壊の1990年代以降「失われた20年」と呼ばれる低迷期に入って久しく、今や「失われた30年」と言われるようになりました。この間、世界経済における日本企業の存在感は希薄化していると言わざるを得ない状況になっています。

　例えば、企業価値の代表的測定尺度である株式時価総額を見ても、1989年（平成元年）12月末時点では世界の時価総額ランキング上位50社に日本企業が32社ランクインしていたのに対し、30年後の2019年（平成31年）4月末ではわずか1社という状態です。

　またPBR（株価純資産倍率）を見ても、1999年12月末の東証上場企業平均が1.5倍であったのに対し、2023年4月末時点では、プライム市場で1.2倍、スタンダード市場では0.8倍に低下しています。実にTOPIX500企業の4割以上がPBR1倍割れという状況です。PBRは、1株当たりの簿価に対して株価が何倍になっているかを示す指標で、これが1倍を割り込むと「現時点で企業を解散・清算したほうがいい」と一般に言われます。

　このような状況に東京証券取引所が危機感を覚えたものと思われますが、2023年3月31日に『資本コストや株価を意識した経営の実現に向けた対応について』と題し、全上場企業に対して「現状分析」「計画策定・開示」「取り組みの実行」を行い、進捗状況について毎年開示するよう要請するに至りました。

　こうした厳しい状況に対し、企業側がどう考えているかについては、

PwCが2022年10、11月にグローバルで実施した「第26回世界CEO意識調査」の結果を見てみると、「貴社は現在のビジネスのやり方を変えなかった場合、経済的にどの程度の期間存続できるとお考えですか?」という質問に対し、日本企業のCEOの実に72%が「10年以下しか存続できない」と回答しています（世界全体では39%）。経営者自身が自社のサステナビリティに危機感を持っていることがうかがえます。

　日本企業の企業価値が低迷ないし毀損してしまっている理由はいくつも挙げられますが、その1つとして**「経営管理の対象範囲の狭さ」**にあると筆者は考えています。

　価値を創造するためには、さまざまな経営資源を投入して企業の足腰を鍛えた上で、顧客や社会に価値を提供し続けることが求められます。収益や企業価値の向上は、あくまでその結果にすぎないのです。

　ところが、結果（または結果の見通し）の財務数値、しかも今期または来期という短期の業績管理に多くの時間を費やし、価値創造のための長期的なシナリオや、そのための「足腰」に相当する無形資産に十分な関心が払われず、経営管理の対象にもなっていないという企業は珍しくありません。

　読者の皆様の会社でも、次のようなことが起きているのではないでしょうか。

・製品・サービスは一生懸命マーケティングしているのに、企業価値をマーケティングしているようには思えない
・長期戦略は策定しているが、作りっぱなしで実現状況を管理していない
・長期戦略は策定しているが、投資家、従業員などのステークホル

ダーに理解してもらうための可視化はしていないし、対話もしていない

・中期経営計画は初年度予算の引き延ばしのような形になっていて、価値構造の変革計画になっていない

・価値創造には無形資産の形成・強化が不可欠なのに、そのあるべき状態を定義しておらず、管理もされていない

・将来の価値を創造するための無形資産への投資基準がなく、十分な投資ができない

・投資判断を短期ROIに依存しすぎているため、効率化投資は承認されやすいが、短期ROIでは説明できない価値創造のための無形資産投資は承認されにくい

　筆者は、企業が真に価値を創造・継続・発展させていくためには、こうした財務的・短期的業績管理から、次のように**将来を見据えた「統合思考」で経営を実践していく**ことが重要だと考えています。

1「時間軸」の拡張
中長期的な将来に照準を定め、そこからのバックキャストで今を考える。

2「価値構造」の拡張
財務だけではなく人的資本、知的資本などの無形資産、さらには社内だけでなく価値提供先である顧客、社会、環境などに価値構造を捉える範囲を拡げ、マネジメントの範囲を拡張する。

図表 0-1：価値創造経営の要諦

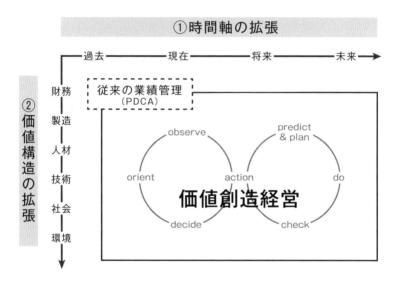

　また、経営実態からの変化の必要性に加え、経営の成績表とも言える開示制度が大きく変わり始めています。

　国内では、自主開示である統合報告書が普及するとともに、2022年からプライム市場上場企業にTCFD（気候関連財務情報開示タスクフォース）提言に基づく気候変動リスク開示が要請されました。また、2023年3月31日以後に終了する事業年度からは有価証券報告書に人的資本開示が義務づけられています。

　欧州では、CSRD（企業サステナビリティ報告指令）が2022年11月に理事会で採択され、企業だけではなく、一定の条件を満たす域外企業

に（日本企業も）非財務情報の開示が段階的に義務づけられることとなりました。

このように、各地域で開示対象範囲が非財務情報に広がりつつある背景には、地球環境問題、人権問題など、社会的・世界的問題に企業がどう向き合っているかがステークホルダーにとって重要な関心事となっていることに加え、**将来の社会的・環境的価値を意識した経営を行わないと持続的な企業価値向上が見込めない**という現実があると思います。

このような開示制度の変更に必要最低限で対応するというやり方もありますが、開示制度の変更背景はまさに日本企業のマネジメント変革の必要性と軌を一にするものです。価値創造や企業価値向上は一朝一夕には実現できないことから、筆者としては、**これを好機と捉えて、開示制度に対応するだけではなく、今すぐにマネジメント変革をスタートするしかない**と考えています。今行動する企業とそうでない企業とでは数年後には大きな差がついてしまっているはずです。

本書は、そのような「今行動する企業」の一助になればという思いで執筆しています。価値創造の内容は企業ごとに千差万別ですから、それに言及することは別の機会に委ね、経営者の視点で価値創造を持続的かつ科学的に（再現性のある形で）ドライブしていくための経営管理にフォーカスしています。

本書は以下の章から構成され、それぞれの分野のプロフェッショナルがその経験・知見をもとに執筆しています。

第1章 なぜいま、価値創造経営なのか？

筆者がこの序文で申し上げたような問題意識や経営環境を、最新のデータにも基づきながら考察します。

第2章 開示制度が変われば経営も変わる

　価値創造経営に向けたトリガーの1つが、開示制度の変更、すなわち非財務情報の開示に向けた動きにあるわけですが、本章では開示制度の変更内容とその背景、それに取り組むためのステップやスケジュールについて紹介します。

第3章 企業価値とは何かを考える

　価値創造や企業価値向上と申し上げていますが、そもそも「企業価値」とは何なのか、それを向上するためにはどのような着眼点で、どのような取り組みが必要なのかという点について考察します。

第4章 価値創造ストーリーを可視化して管理可能にする

　価値創造は黙っていても達成できるというものではありません。測定できないものは管理できない、管理できないものは改善できないという考え方に立ち、経営者にとって価値創造を管理可能にして実現するための実践手法について解説します。

第5章 短期的業績管理は最大限自動化する

　「企業の将来をつくる」ことが経営者の最重要な仕事である以上、そのことにもっと時間を使えるようにする必要があります。現在の経営管理は、余りにも短期的かつ財務的な業績管理に多くの時間を使いすぎているため、これを最大限自動化し、経営者と経営スタッフの時間を解放するための実践手法を紹介します。

第6章 価値創造を実現するための人材変革

　価値は機械やITが勝手に生み出すものではありません（そうであれば経営は楽でいいですが）。仮に機械やITが勝手に生み出せるようになる

としても、その仕組みを考えて構築するのは人材です。価値創造経営のためには、それを実現・実行する人材こそが勝負どころになります。そのような人材をどのように育成するか、どのように増やしていけるのかを考察します。

第7章 テクノロジーを活用する

第6章までで考察・紹介してきたことをマンパワーだけで実現しようとしても限界がありますし、マンパワーだけでやること自体が価値創造に反することにもなりかねません。やはり価値創造にはテクノロジーの有効活用が不可欠です。価値創造経営に役立ちうるテクノロジーとその活用方法を紹介するとともに、その先にある未来像についても考えていきます。

第8章 価値創造のためのプロジェクトマネジメント

価値創造経営を継続的に実施するとともに、状況変化に応じてスパイラルアップさせて企業価値向上に確実に結び付けていくためには、データドリブン経営を実現することが最終的に不可欠です。そのためにはグループ/グローバルでのデータ収集・分析基盤を整備する必要があり、まさにビッグプロジェクトのマネジメント能力が求められます。これまでさまざまなビッグプロジェクトを推進してきた経験から、全社的・グローバルなトランスフォーメーションを推進する上でのポイントや創意工夫例を紹介します。

以上のように、本書は執筆陣のこれまでの実践経験をもとにして、価値創造のための経営管理の考え方、フレームワーク、実践手法、そのツールとなるテクノロジー、価値創造経営への変革マネジメントについて述べています。

本書のメインターゲットとなる読者は、経営者、経営幹部、経営者を
サポートする経営企画部門、経営管理部門の方々です。これらの方々は、
価値創造、企業価値向上について日々悩んでおられると思います。こう
した方々の悩みや疑問に答え、価値創造や企業価値向上のための仕掛け、
仕組みづくりや成果の獲得に本書が少しでもお役に立つことができれば、
執筆陣一同この上ない喜びです。

2023年12月吉日

PwCコンサルティング合同会社

執行役員 パートナー

森本 朋敦

目次

第1章
なぜいま、価値創造経営なのか？

第1章のサマリー

1. なぜ、いま「価値創造経営」が求められるのか

　価値創造経営が求められる理由には、3種類の背景がある。
①開示制度が変化して、経営に対する外部の期待が変わっていること
②日本企業の企業価値自体が定量的に低いこと
③経営者自身が、企業の持続性に危機感を抱いていること

2. 日本企業を取り巻く開示制度は変化を続けている

　各地域で開示対象範囲が非財務情報に広がりつつある背景には、地球環境問題、人権問題を筆頭に、社会的・世界的問題に企業がどう向き合っているかがステークホルダーにとっての、重要な関心事となっているだけでなく、「環境・社会配慮は企業活動の必要条件であり、むしろ利益追求にも資するもの」と考える世界線に既に企業経営が踏み込んでいることが一因である。

　会計ビッグバンの時がそうであったように、経営者の成績表に相当する開示制度が変われば、それに併せて経営も変わる時、変える時が到来している。

3. 日本企業の企業価値は欧米と比較して相対的に低い

　株価純資産倍率は、2023年4月末時点で、プライム市場で1.2倍、スタンダード市場では0.8倍であり、TOPIX500企業の40%以上の PBRが1倍を下回っている。東京証券取引所も危機感を覚えており、全上場企業に対して、「資本コストや株価を意識した経営の実現に向けた対応について」と題して、「現状分析」「計画策定・開示」「取り組みの実行」を行った上、進捗状況について、毎年開示するように、要請している。

4. 日本企業は、自社のビジネスモデルの将来性に対して強い 危機感を抱いている

　PwCが実施した「第26回世界CEO意識調査」では、日本のCEOの72%が、「現在のビジネスのやり方を継続した場合、10年後に自社が経済的に存続できない」と考えており、世界全体の39%と比較しても、経営者自身が、将来に対して極めて強い危機感を持っている。日本を米国・中国や世界全体と比較分析すると、日本企業のCEOは、直近の業績に対しては堅調な認識を持ちつつも、自社のビジネスモデルの将来性に対しては、強い危機感を抱いている。

● 過去の延長に未来はあるのか

多くの読者がご承知の通り、企業と企業を取り巻く環境は、加速度的に変化しています。

これは、毎年、S&P 500 リストで多くの企業が、市場価値の低下や大企業による買収を理由に入れ替わっていることからも分かります。また、S&Pが2年ごとに発表している企業寿命に関する調査結果である「Corporate Longevity Forecast」からも、企業寿命は長期的に短縮傾向にあることが明らかになっています。1970年代後半のS&P 500企業の平均寿命は30 〜 35年でしたが、2020年には20年に短縮されました。さらに、S&Pによる次の10年間の変化予測によると、2020年に比べ2030年には平均して5年以上短くなる可能性があると予測されています。

市場の喪失や新規創出が頻繁に生じるだけでなく、地政学の影響によるボラティリティ増加や、業界の垣根を越えた新たな競争相手の台頭などによって、企業寿命は短縮傾向が続いています。

さらに、コロナ禍や生成AIの勃興など、昨今生じている企業価値に影響を与える地殻変動は、経営がこれらの変化に能動的に対応しない限り、経営ライフサイクルを短縮させ続けると言えます。

企業には従来のように「収益や利益を追求する」だけではなく、さまざまな価値観を持つ多様なステークホルダーの間でバランス良い舵取りが求められていると言えるでしょう（図表1-1）。

こうした環境下で、過去に着眼し、従前の前提に基づいて、「結果管理」「経済価値管理」に留まることは、環境や、社会的要請、開示内容の変化に対応する手法として適切なのでしょうか。

経営の本質は、「現在の業績を管理すること」でもなければ、「経済価値だけを高めること」でもありません。

図表 1-1：企業を取り巻くステークホルダーの変化

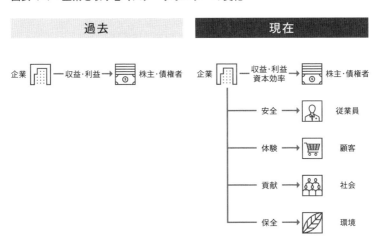

　では、**経営の本質が「企業価値を高め、企業の未来を創ること」であるならば、不確実性が高まる中で、経営は、果たして「過去の延長に未来がある」という前提に立ち続けていいのでしょうか。**

　日本は、先進国と呼ばれる国の中で、過去30年間で1人当たり国民所得 (GNI) の上昇幅が小さい国です。世界銀行が提供するデータによると、1991 〜 2021年までの1人当たり国民所得 (GNI) の推移を国別に比較した場合、米国は1991年37,103.0ドルから2021年61,436.5ドルで1.66倍、ドイツは1991年30,366.3ドルから2021年44,104.0ドルで1.45倍、フランスは1991年28,750.7ドルから2021年39,162.0ドルで1.36倍であるのに対し、日本は1994年31,391.0ドルから2021年36,965.0ドルで1.18倍にすぎません（図表1-2）。

この結果は、日本企業が「企業価値を生み出せていないこと」、もしくは「企業価値を生み出していてもマネタイズできていないこと」とともに、**「企業価値の創造は、日本企業にとって喫緊の経営課題である」**ことを間接的に示していると筆者は考えています。

　本章では、第2章以降で解説する価値創造経営の前段として、「なぜ、いま価値創造経営が求められているか」を、「開示制度の視点」「市場・投資家の視点」「経営者の視点」という3種類の視点から、PwCがグローバルで実施した最新の調査結果などを含む最新のデータに基づきながら解説します。

● 価値創造経営に対する要請は、　 日本版会計ビッグバンの再来

　企業と企業を取り巻く環境の加速度的な変化によって、抜本的な経営の改革が求められることは、実は初めてではありません。

　思い起こせば、2000年4月の日本版金融ビッグバン・会計ビッグバンでは、日本企業の財務情報の透明性を一層高め、グローバル企業との比較を容易にするために、国際的な基準を見据えてさまざまな会計基準の変更が実施されました。

　これにより、資産評価や収益認識の基準、開示要件などの変更が実施されましたが、その本質は、企業経営にとって「重視するタイムスパン」「重視する経営指標」「経営管理ツール」という3要素が変革を遂げたことだった、と筆者は考えています。

　経営者の成績表に相当する開示制度が変わったことで、経営は、「単年度実績」や「単体売上高・利益、有形固定資産」が重視された「単体経

図表 1-2：1 人当たり国民所得 (constant 2015 US$) の推移

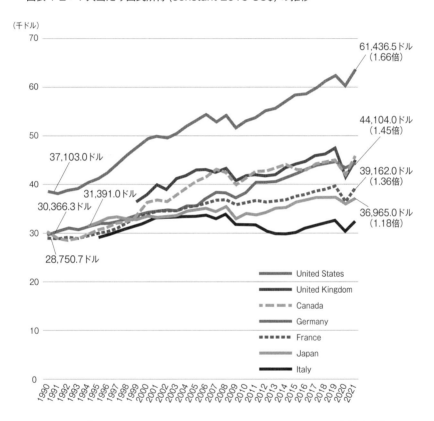

出所：「World Bank national accounts data, and OECD National Accounts data files.」をもとに作成

営の時代」から、「中期実績」や「連結ROE・ROIC」が重視領域に加わった「連結経営の時代」に変革した、と日本版会計ビッグバンの影響を評価できます（図表1-3）。

　これに対して、詳細は後述しますが、日本企業を取り巻く開示制度が変化するとともに、東京証券取引所が全上場企業に資本コストや株価を意識した経営の実現に向けた対応を要請し、非財務資本や無形資産に焦点が当たるようになってきました。**経営は、非財務領域まで踏み込まないと「真のマネジメント」ができない時代に変化を遂げている、**ということです。
　まさに、「歴史は繰り返す」と言えるでしょう。企業と企業を取り巻く環境の加速度的な変化によって、改めて抜本的な経営の改革が求められているのです。

　読者の皆さんも、日本版金融ビッグバン・会計ビッグバンに何らかの立場で関わった経験があるかもしれません。当時、単に「制度対応」だけが求められるのではなく、経営が考慮すべき「時間軸」や「要素」の変革が求められ、「マネジメント自体の変革」が必要であったことと同じように、いまの経営には、社会的要請や開示内容の変化を捉え、新しい時代に適合する「変化対応」が改めて求められているのです。

●開示制度の変化は、経営者の「成績表」の変化

　日本版会計ビッグバンが経営に大きな変革をもたらしたように、日本企業を取り巻く昨今の開示制度の変化は、再び経営に対して抜本的な変革を求めています。

図表 1-3：日本版会計ビッグバンによる経営の変化

日本版会計ビッグバン

▼

	~1990's 「単体経営の時代」	2000's~2010's 「連結経営の時代」
社会と 企業との 関係性	環境・社会は 「外部性」であり、 企業活動の本質とは 無関係	環境・社会配慮は 「社会的責任」であり、 利益追求とは トレードオフの関係
資本構造	間接金融中心 （担保能力/返済能力）	直接金融と 間接金融が拮抗 （＋連結、資本/資産効率）
経営情報を 支えるIT	"コンピュータ"の時代	ERPの時代
重視する タイムスパン	単年度実績	中期及び単年度実績
重視する 経営指標	単体の売上・利益 有形固定資産	＋連結ROE・ROIC
それを支える 経営管理 ツール	予算管理と 会計システム	予算管理と 連結システム （制度/管理）

欧米では2006年に国連によってPRIが提唱され、国内では2015年の GPIFによるPRI署名を契機に、投資意思決定プロセスにESG要素を組み込む動きが拡大しており、昨今では国内外でサステナビリティをめぐるさまざまな動きが加速しています。

　また、統合報告書に代表されるように、長期的な企業価値創出の観点から、非財務情報を開示する動きが広がっています。国内では、2022年には、日経225構成企業のうち、9割を超える 204社から「自主開示」である統合報告書が発行されており、日本企業にとって「自ら企業価値を外部に発信すること」の重要性は、既に多くの企業に浸透し、普及している段階にある、と言えます。

　加えて、2022年からプライム市場上場企業には、TCFDの提言に基づいて気候変動リスクの開示が要請されています。また、2023年3月31日以後に終了する事業年度からは有価証券報告書に人的資本開示が義務づけられました。

　さらに欧州では、CSRD 企業サステナビリティ報告指令が2022年11月にEU理事会で採択され、EU企業だけではなく、一定の条件を満たせば、日本企業を含む域外企業にも、非財務情報の開示が段階的に義務づけられることになりました（図表1-4）。

　各地域で開示対象範囲が非財務情報に広がりつつある背景には、地球環境問題、人権問題を筆頭に、「社会的・世界的問題に企業がどう向き合っているか」がステークホルダーの重要な関心事となっていることが考えられます。
　加えて、将来の社会的・環境的価値を意識した経営を行わないと、持

図表 1-4：日欧米の開示に関わる制度変更

欧州	米国	日本

2006/04　国連が責任投資原則（PRI）を提唱

2015/09
GPIFが国連PRIに署名

2015/09　SDGs（持続可能な開発目標）が採択

2015/12　パリ協定が採択

2020/08
Regulation S-Kを改正し、上場企業の人的資本開示を義務付け

2021/04
企業のサステナビリティ報告に関する指令の提案
Corporate Sustainability-information Reporting Directives (CSRD)案を公表

2022/03
上場企業の年次報告の気候関連情報開示を求める規則案を公表

2022/05
ESG投資の情報開示の統一基準導入への規制案を提案・承認

2022/08
伊藤レポート3.0及び価値協創ガイダンス2.0を公表

2022/08
内閣官房が「人的資本」可視化の指針を公開

2022/11
EU理事会がCSRD案を採択

2023/06　ISSBがIFRSサステナビリティ開示基準を公表

【凡例】　国際的な取り組み

続的な企業価値向上が見込めない、つまり、**「環境・社会配慮は企業活動の必要条件であり、むしろ利益追求にも資するもの」と考える世界線に既に企業経営が踏み込んでいる**ことが一因でもあります。

日本版会計ビッグバンの時がそうであったように、**経営者の「成績表」に相当する開示制度が変われば、それに併せて経営も変わる時、変える時が到来している**、と筆者は考えています（図表1-5）。

本来、価値を創造するためには、さまざまな経営資源を投入して企業の基盤を構築し、基盤を用いて顧客や社会に価値を提供する、という推進方法が求められます。その結果が、収益や企業価値向上に帰結し、「価値創造が実現された状態」に至るのが通例であり、これを管理することが「価値創造経営管理」です。

反面、ほとんどの日本企業は、経営目標や経営指標をいまだ「財務目標」として設定しています。これでは経営管理が「結果管理・経済価値管理」に留まり、環境・社会価値の重要性の高まりに合わせた「社会的価値創出」を表現できません。

これは、社会の要請に対して、**経営管理が「戦略性のある価値創出活動を管理する状態に至っていない」**ことを意味しています。結果もしくは結果の見通しの財務数値、しかも今期または来期という短期の業績管理に多くの時間を費やして、価値創造のための長期的なシナリオや、基盤に相当する無形資産に十分な関心が払われていないことが、日本企業の企業価値が低迷ないし毀損してしまっている要因の1つだと考えられます。

開示制度の変更内容とその背景、それに取り組むためのステップやスケジュールは第2章で詳述しますが、このような日本企業の経営実態に

図表 1-5：価値創造の要請に対する経営の変化

サステナビリティの勃興

	2000's〜2010's 「連結経営の時代」	2020's〜 「価値創造経営の時代」
社会と 企業との 関係性	環境・社会配慮は 「社会的責任」であり、 利益追求とは トレードオフの関係	環境・社会配慮は 企業活動の必要条件であり、 むしろ利益追求にも 資するもの
資本構造	直接金融と 間接金融が拮抗 （＋連結、資本/資産効率）	上場企業の6割以上が 実質無借金
経営情報を 支えるIT	ERPの時代	ビッグデータ・AI 活用の時代
重視する タイムスパン	中期及び単年度実績	過去実績：これまでの 稼ぐ力の証明 中長期：それを継続・ 向上するシナリオ
重視する 経営指標	＋連結ROE・ROIC	＋持続的企業価値向上の ための非財務指標
それを支える 経営管理 ツール	予算管理と 連結システム （制度/管理）	価値創造経営 （思考の変革と志向の変革）

対して、**日本企業のマネジメント変革の必要性の裏返しである開示制度の変更を受けて、外部から「経済的価値と社会的価値の両面での経営」が求められていること**が、いま、「価値創造経営」が必要とされる理由の1つと言えるでしょう。

● 欧米企業と比較して、日本企業は企業価値が低い

経営者の「成績表」に相当する開示制度の変化が、企業価値を見直す「価値創造経営」への変革のトリガーであるならば、具体的に日本企業の企業価値は現在市場でどのように評価されているのでしょうか。

そもそも**「企業価値」とは、企業が持つ現在価値と将来価値を併せた価値**を指します。企業価値は、企業が将来的にどの程度の現金を生み出すことができるか、またその現金を得るために必要な投資やコストがどの程度かなど、多くの要素に影響されます。

これに対して、2022年3月に内閣官房が公表した「非財務情報可視化研究会の検討状況」では、「米国市場（S&P500）の時価総額に占める無形資産の割合は年々増加しており、2020年は時価総額の90％を無形資産が占める。すなわち、企業価値評価において非財務情報に基づく評価が大半を占めている。日本市場（日経225）は、有形資産が占める割合が大きい」と分析されています。

PBR（株価純資産倍率）をみても、同様に評価が定量的に証明されます。PBRは、1株当たりの簿価に対して株価が何倍かという指標であるため、これが1倍を割り込むことは、「現時点で企業を解散・清算したほうがいい」とも評価できます。このPBRが、1999年12月末時点の東証上場企業平均では1.5倍であったのに対して、2023年4月末時点では、プライ

ム市場で1.2倍、スタンダード市場では0.8倍まで低下しています。

　また、経済産業省が令和4年3月31日に「グローバル競争で勝ちきる企業群の創出について」と称して公表した資料では、米国(S&P500)、欧州(STOXX600)、日本(TOPIX500)の企業のPBRの分布について、PBRが1倍未満なのは、米国が3.0%、欧州が17.8%であるのに対して、日本は43.2%であり、日本企業のPBRが、欧米企業と比較して著しく低水準に留まっていることが示されています（図表1-6）。

　また、同じ経済産業省の調査では、日米欧のPBRを業種別平均でも公表していますが、日本企業のPBRの低さは全業種に及んでいます。これは、財務諸表に表出されない非財務資本および将来期待に対する評価で、欧米企業との圧倒的な差が生まれていることの証左です。**時価総額に占める無形資産の割合が低い日本企業は、企業価値そのものが低水準であり、財務指標の向上に注力してきた結果として、無形資産の価値向上が海外の企業と比べて十分にできておらず、その結果が、企業価値自体を低水準に留めている**と言えるでしょう（図表1-7）。

　企業価値自体が欧米企業と比較して定量的に低いこともまた、いま「価値創造経営」が必要とされる理由です。

● 日本企業における財務指標の重要性の変化

　欧米企業と比較して、日本企業は企業価値に占める無形資産が少なく、株価純資産倍率が低いことを定量的に示しましたが、「財務諸表で表現される短期・実績」とも言える「有形資産」の重要性はどのように変化しているのでしょうか。

　これまで日本企業が財務指標の向上に注力してきた背景には、「日本企

図表 1-6：PBR（株価純資産倍率）の国際比較

TOPIX500、S&P500、STOXX600企業のPBRの分布

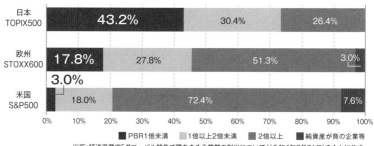

出所：経済産業省「グローバル競争で勝ちきる企業群の創出について」（令和4年3月31日）をもとに作成

図表 1-7：PBR（株価純資産倍率）の業界別国際比較

日米欧の業種別平均PBR

	日本	米国	欧州
自動車・自動車部品	0.83	6.34	2.55
銀行	0.44	1.58	1.11
鉱物・基本素材	0.77	5.13	1.97
化学	1.13	3.81	2.91
建設	1.19	4.05	3.55
消費財	2.33	5.76	5.80
エネルギー	0.64	5.97	2.23
金融	1.93	7.16	2.54
食品	1.62	6.08	3.81
ヘルスケア	2.98	7.94	6.35
産業用剤・サービス	2.20	10.42	4.92
保険	0.67	4.86	1.62
メディア	1.30	3.43	4.46
介護、薬品、日用品店	2.55	41.96	4.14
不動産	1.67	3.52	7.24
小売	3.82	10.05	4.86
技術	5.12	13.47	8.02
通信	2.03	3.57	2.53
旅行	3.08	8.66	3.96
電気・水道・ガス	0.61	2.68	2.55

出所：経済産業政策局「2022年4月グローバル競争で勝ちきる企業群の創出について②(5p)」

業の間接金融依存があった」と言えます。金融機関を通じた借入による資金調達を主とした場合、必然的に直接金融での調達と比較して、返済・担保の視点で短期且つ結果管理・経済価値管理で表現される財務指標の重要性が相対的に高まります。

　これに対して、日本銀行の賃金循環統計によれば、民間非金融法人企業の金融負債比率を調達方法別に比較すると、日本企業の間接金融依存度は減少傾向にあり、2021年時点では、既に株式等による直接金融が過半を占めています。(図表1-8)

　また、有価証券報告書に基づいて東証一部上場企業の「期末時点の現金同等物期末残高」と「有利子負債」を比較すると、2021年時点で、東証一部上場企業においては、実質無借金経営の企業が6割を超えています。(図表1-9)

　つまり、**担保能力や返済能力などの「財務諸表で表現される短期・実績」の重要性は相対的に低下している**と評価できます。

　これは、日本企業の資金調達構成の変化を捉えると、過去に比べて、財務指標の重要性が低下しており、財務指標に注力した経営が企業経営にとって不可欠な要素とは必ずしも言えない状況になっていること、つまりは、**「いまが価値創造経営に転換する契機にあることを示している」**と筆者は考えています。

● 東京証券取引所の危機感

　日本企業における財務指標の重要性が想定的に低下している中で、欧米企業と比較して企業価値が定量的に低いことがPBRの比較を通じて定

図表 1-8：国内上場企業の資金調達構成の変化

民間非金融法人企業の金融負債比率

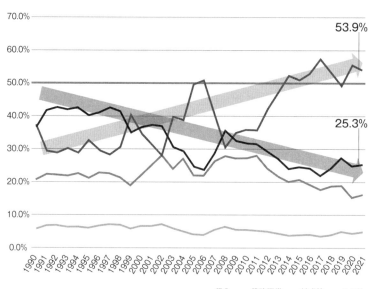

出所：日本銀行「資金循環統計」をもとに作成

図表 1-9：実質無借金の東証一部上場企業の比率

実質無借金の東証一部上場企業の比率

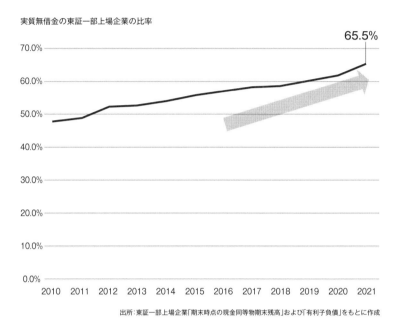

65.5%

出所：東証一部上場企業「期末時点の現金同等物期末残高」および「有利子負債」をもとに作成

量的に明らかになっていることに対して、東京証券取引所も危機感を認識しているようです。

　東京証券取引所は、2023年3月31日に、全上場企業に対して、「資本コストや株価を意識した経営の実現に向けた対応について」と題して、持続的な成長と中長期的な企業価値向上の実現に向けた要請を実施しています。

　この要請では、「現状分析」「計画策定・開示」「取り組みの実行」を行った上で、進捗状況について毎年開示するように求めています。

　また、これらは規則上の義務として位置付けられているわけではありませんが、東京証券取引所は、投資者からの期待に対して、**「積極的に実施」**することを要請しています。

　上述の通り、この要請の趣旨は、「持続的な成長と中長期的な企業価値向上の実現」にあり、経営資源の適切な配分の実現に向けて、単に損益計算書上の売上や利益水準を意識するだけでなく、バランスシートをベースとする資本コストや資本収益性を意識した経営を通じて、持続的な成長の実現に向けた知財・無形資産創出につながる研究開発投資、人的資本への投資や設備投資、事業ポートフォリオの見直し等の取り組み推進を求めています。

　また、この要請の中では、**「PBR1倍割れは、資本コストを上回る資本収益性を達成できていない、あるいは、成長性が投資者から十分に評価されていないことが示唆される一つの目安」**とPBR 1倍未満の状態に対して具体的な言及がなされています。

　これは市場自体が、日本企業の持続性に対して、具体的に強い危機感を持っている証左であり、このことも開示制度の変化に加えて、いま「価

値創造経営」が必要とされる理由と言えるでしょう。

● 投資家が重視する「中長期的成長」と「無形資産投資」

　ここまで、欧米企業と比較した PBR の定量的な評価や日本企業の資金調達構成の変化、東京証券取引所の要請から「日本企業には、企業価値に着眼した価値創造経営への転換が求められている」ことを解説しましたが、投資家も同様に短期的な財務成果よりも、中長期的な成長を重視する傾向が、調査によって明らかになっています。

　一般社団法人生命保険協会が実施した企業価値向上に向けた取り組みに関するアンケートのうち、投資家向けアンケート集計結果（2019 ～ 2021 年度版）によれば、**企業との深度ある「建設的な対話」を行うために、投資家が重要だと考えているのは、企業業績などの短期的なテーマではなく、経営理念、戦略、サステナビリティなどの中長期的成長につながるテーマである**ことが分かっています。
　特に直近3年においては、**サステナビリティを重視する姿勢の高まり**が顕著であり、この内容はこれまでに述べてきた他の調査結果や事象と一致しています（図表1-10）。

　また、同じく一般社団法人生命保険協会が実施した企業価値向上に向けた取り組みに関するアンケートのうち、企業・投資家結果比較（2021 年度版）によれば、投資家は中長期的な投資・財務戦略で重視すべき項目として、IT 投資、研究開発投資、人材投資など無形資産投資を挙げている一方、**企業は依然として有形資産投資に相当する設備投資を重要視しており、企業価値向上に向けた投資配分の認識において投資家の期待**

図表 1-10：投資家が「建設的な対話」のために重視するテーマ

企業との深度ある「建設的な対話」を行うため、投資家が重要だと考えるテーマ（3つまで選択可）

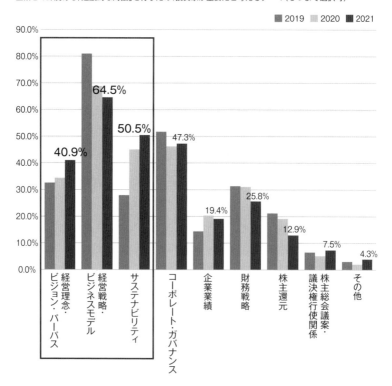

出所：一般社団法人生命保険協会「企業価値向上に向けた取り組みに関するアンケート」をもとに作成

と企業の認識にギャップが生じていることが分かります（図表1-11）。

　投資家が中長期的成長につながるテーマや無形資産投資を重視していることも、企業価値の向上において、従前の「結果管理」「経済価値管理」から脱却して日本企業が価値創造経営に転換すべき理由であると筆者は考えています。

　また、投資家と企業の企業価値向上に向けた投資配分の認識ギャップに加えて、無形資産投資の実態においても日本企業が一層価値創造経営に転換すべき状態にあることが調査結果から明らかになっています。
　経済産業省が令和4年5月に公表した未来人材ビジョンによれば、人材投資（OJT以外）の国際比較（GDP比）では、日本企業の人材投資が、先進国でも突出して少ないことが分かります（図表1-12）。

　また、一般社団法人電子情報技術産業協会による日米企業のDXに関する調査結果によれば、「IT予算が増える理由」に対する日米企業の回答を比較すると、米国企業は企業価値向上を目的とした「攻めのIT投資」を実施する傾向が高いのに対して、日本企業はいまだ効率化やメンテナンス、制度対応を目的とした「守りのIT投資」に留まっていることが分かります。無形資産投資においても、投資の性質を変化させることが日本企業に求められていると言えるでしょう（図表1-13）。

●経営者自身が持つ「持続性」に対する強い危機感

　ここまで「なぜ、いま価値創造経営への転換が求められているのか」を解説してきましたが、これらの視点はいずれも「外部の視点」に他な

図表 1-11：中長期的な投資・財務戦略の重要項目

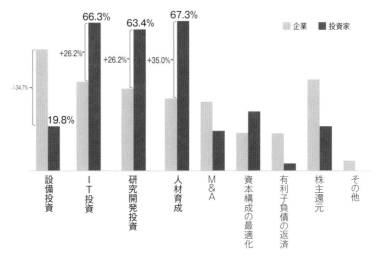

出所：一般社団法人生命保険協会「企業価値向上に向けた取り組みに関するアンケート」をもとに作成

図表 1-12：人材投資（OJT以外）の国際比較

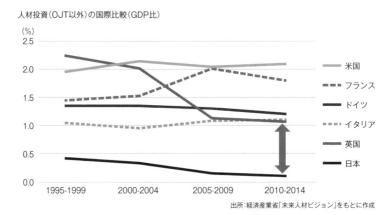

出所：経済産業省「未来人材ビジョン」をもとに作成

りません。

　では、経営者自身は外部が抱く危機感に対して、どのように認識しているのでしょうか。

　PwCが実施した「第26回世界CEO意識調査」の結果では、その度合が定量的に示されています。PwC は、2022年10月から11月にかけて、世界105カ国・地域の4,410名のCEOから、世界経済の動向や、経営上のリスクとその対策などについての認識を聞く調査を実施しました。

　この調査では、176名の日本のCEOにも協力いただきましたが、調査結果から浮かび上がってきたのは、**中長期的な持続性に日本企業の経営者自身が強い危機感を持っている**、ということです。

　例えば、「今後12カ月間／3年間の貴社の売上成長見通しについてどの程度自信をお持ちですか」という質問に対しては、自社の成長見通しに対するCEOの自信は世界全体で昨年から 26% 低下しており、58%の低下を記録した2008 〜 2009年の金融危機時以降最大の低下幅となりました。

　それでもなお、世界全体、米国CEOは、12カ月後よりも3年後の成長により強い自信を持っています。米国では「今後12カ月間」では「極めて強い自信がある」との回答が41%だったのに対し、期間を「今後3年間」に延ばすと、「極めて強い自信がある」との回答が61%に急増し、世界全体でも42%から53%に伸展しています。

　対照的に、日本は「12カ月間」でも「3年間」でも回答の構成比率に大きな変化はなく、**日本のCEOは世界の経営者に比較して、先行きに対して自信を持ちきれていない**ことが調査結果から明らかになりました（図表1-14）。

図表 1-13：日米企業の IT 予算が増える理由

IT投資予算の用途

問:IT予算が増える理由として、どんなものが考えられますか。当てはまるものを3つまで選んでください。

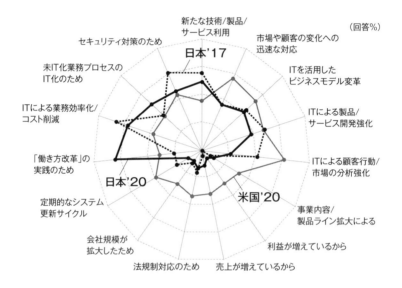

出所:一般社団法人電子情報技術産業協会「日米企業のDXに関する調査結果」をもとに作成

図表 1-14：今後の売上成長見通しに対する CEO の認識

質問：今後12カ月間／3年間の貴社の売上成長見通しについてどの程度自信をお持ちですか。

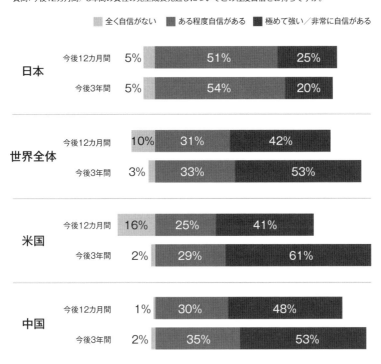

全く自信がない　　ある程度自信がある　　極めて強い／非常に自信がある

日本
今後12カ月間　5%　51%　25%
今後3年間　5%　54%　20%

世界全体
今後12カ月間　10%　31%　42%
今後3年間　3%　33%　53%

米国
今後12カ月間　16%　25%　41%
今後3年間　2%　29%　61%

中国
今後12カ月間　1%　30%　48%
今後3年間　2%　35%　53%

出所：PwC「第26回世界CEO意識調査」をもとに作成

また、「貴社は現在のビジネスのやり方を変えなかった場合、経済的にどの程度の期間存続できるとお考えですか」という質問に対しては、困難な経済環境を踏まえて、世界全体の39%のCEOが、「現在のビジネスのやり方を継続した場合、10年後に自社が経済的に存続可能である」とは考えていませんでした。この傾向は通信（46%）、製造業（43%）、ヘルスケア（42%）、テクノロジー（41%）など、広範なセクターで共通しています。

　世界全体のCEOの約4割が自社の持続性に危機感を抱いていることもショッキングな結果ですが、これに対して日本企業のCEOの72%は、「現在のビジネスのやり方を継続した場合、10年後に自社が経済的に存続できない」と考えており、世界全体の39%と比較しても圧倒的に高く、強い危機感を持っていることが明らかになりました（図表1-15）。

　ここから、**日本企業のCEOが、生き残りをかけた自社の変革に強い危機感を抱いている**ことが分かります。

　さらに、「現実でどのように自分の仕事時間を使っているのか」そして「空白のカレンダーがあったら、理想ではどのような仕事に時間を使いたいのか」という質問に対して、日本のCEOが最も多く挙げたのは、現実・理想ともに「将来を見据えた事業戦略の検討および推進」でした。この結果は、上述の2つの質問に対する回答傾向からも読み取れる「将来への強い危機感」の裏返しと言えるでしょう（図表1-16）。

　このように、日本を米国・中国や世界全体と比較分析すると、日本企業のCEOは、直近の業績に対しては堅調な認識を持ちつつも、自社のビジネスモデルの将来性に対しては、強い危機感を抱いていることが分か

図表 1-15：現在のビジネスのやり方が通用すると考える期間

質問：貴社は現在のビジネスのやり方を変えなかった場合、経済的にどの程度の期間存続できると
　　　お考えですか。

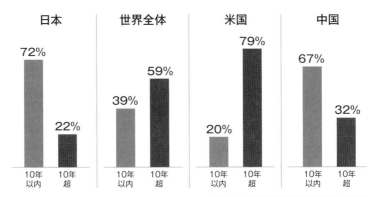

出所：PwC「第26回世界CEO意識調査」をもとに作成

りました。

　「外部の視点」が価値創造経営への転換を要請するだけでなく、「内部
の視点」である、経営者自身が「持続的な成長と中長期的な企業価値向
上の実現」に向けて、「変革の時」であると認識していると言えるでしょう。

● なぜ、いま価値創造経営なのか？

　本章では、「開示制度の視点」「市場・投資家の視点」「経営者の視点」
という3種類の視点から、「なぜ、いま価値創造経営が求められているか」
を解説してきました（図表1-17）。

図表 1-16：CEO の時間配分の理想と現実

質問
（現実）：あなた（CEO）の執務時間において、以下の各業務にそれぞれ平均何%の時間を費やしていますか。
（理想）：貴社の現状を踏まえたうえで、あなた（CEO）のスケジュールを白紙の状態から考えることが
　　　　できるとしたら、あなたは以下の業務にかける時間をどのように配分しますか。

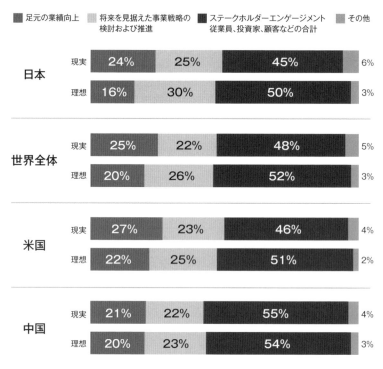

■ 足元の業績向上　　将来を見据えた事業戦略の　　■ ステークホルダーエンゲージメント　　その他
　　　　　　　　　　検討および推進　　　　　　　　　従業員、投資家、顧客などの合計

日本
現実　24%　25%　45%　6%
理想　16%　30%　50%　3%

世界全体
現実　25%　22%　48%　5%
理想　20%　26%　52%　3%

米国
現実　27%　23%　46%　4%
理想　22%　25%　51%　2%

中国
現実　21%　22%　55%　4%
理想　20%　23%　54%　3%

出所：PwC「第26回世界CEO意識調査」をもとに作成

図表 1-17：価値創造経営が求められる 3 種類の背景

開示制度の変化	日本企業の企業価値は低い	経営者自身が持続性に危機感
日本企業を取り巻く開示制度の変化は、 ・自主開示である統合報告書が普及・2022年TCFD提言に基づくリスク開示要請 ・2023年3月31日以後に終了する事業年度 からは人的資本開示が義務化 ・2023年6月 ISSB S1/S2基準が公表 ・2028年からCSRDが欧州域外企業に適用 ➡会計ビッグバンと同様に経営も変革の時	PBR（株価純資産倍率）は、 1999年12月末 東証上場企業平均：**1.5倍** 2023年4月末 プライム市場平均：**1.2倍** スタンダード市場平均：**0.8倍** ➡TOPIX500の40%以上が1.0倍未満 ➡東京証券取引所は、2023年3月31日に 資本コストや株価を意識した経営の実現に関して、全上場企業に要請	PwC第26回 世界CEO意識調査では「貴社は現在のビジネスのやり方を変えなかった場合、経済的にどの程度の期間存続できるとお考えですか。」の問いに「10年以下」と回答した割合は、 日本企業：**72%** 日本を含む世界全体：**39%** ➡経営者自身が自社の持続性に危機感

　不確実性が高まり、企業内外のさまざまな視点から「経済的価値と社会的価値の両面での経営」が求められていることが、「結果管理」「経済価値管理」を踏まえた「過去の延長に未来がある」という従前の前提から脱却して、「価値創造経営」が必要とされる理由だと言えるのではないでしょうか。

　前述の通り、経営の本質は、「企業価値を高め、企業の未来を創ること」です。
　将来を見通せない状況が続いているからこそ、経営者は、これまでの「業績管理」のように「過去から現在（実績）」だけに焦点を当てるのではなく、「将来・未来」を焦点に加えて長期的に予測し、そこからバックキャストして価値創造ストーリーを立案・可視化して、ステークホルダーの

共感を得ることが肝要です。

　これこそが、「はじめに」でも言及した、価値創造経営の要諦の1つである「時間軸の拡張」であり、目指す時制を変える「志向の変革」です。

　また、景色を眺める時、足元だけを見ると、どうしても視野が狭まり、少ない情報しか把握できませんが、目線を遠くに向ければ、自然と広く見え、多くの情報を把握できます。これと同じで、「志向の変革」を通じて将来を見通すことで、経営者は、短期的な財務成果だけでなく、人的資本や知的資本、研究開発力、サプライヤー・顧客との関係性といった無形資産など、さまざまな領域まで意識せざるをえなくなります。

　これが、価値創造経営のもう1つの要諦である「価値構造の拡張」であり、価値として捉える要素を変える「思考の変革」です（図表1-18）。「結果管理・経済価値管理」だけでは新しい「成果」は生まれ得ないことを踏まえて、財務だけではなく人的資本、知的資本などの無形資産、さらには社内だけでなく価値提供先である顧客、社会、環境などまで「価値構造として捉える範囲」を拡げて、マネジメントの範囲を拡張することが、時間軸の拡張に次いで肝要です。

　当然ながら、経営者は、これらの長期的な展望と短期的な目標をバランス良く調整して、近い将来に向けた企業価値の創出に向けた取り組みを行うことが求められます。

　短期的な目標にのみ焦点を当てることは、長期的な成長や持続可能性が損なわれる可能性があり、「過去の延長に未来がある」という前提から抜け出せませんが、反面、過度に長期的な視点に固執すれば、現在の課題や機会を見逃す可能性があります。

　そのため、バックキャストの視点で捉えた近い将来に向けて、限られ

図表 1-18：価値創造経営の要諦

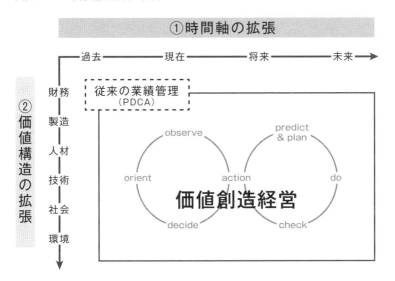

①時間軸の拡張とは（志向の変革）

経営の本質は、「企業価値を高め、企業の将来を作ること」である。

故に、「過去・現在」だけでなく「将来・未来」を加えて中長期的な「将来」に照準を定め、単価や数量、顧客属性といったビジネスドライバの標準化と蓄積から、将来からのバックキャストを加えて経営すること。

②価値構造の拡張とは（思考の変革）

「業績管理」は、「結果管理・経済価値管理」であり、結果を管理しても「成果」は生まれない。

故に、財務諸表に現れない資産・価値・活動を加えて「財務」だけでなく「人的資本」「知的資本」など無形資産、社内だけでなく価値提供先である「顧客」「社会」「環境」を「価値構造」として捉えて経営すること。

たリソースを最適に活用する過程では、アジャイル式で短期的な目標に向かって進むために、新しいアイデアや戦略を取捨選択することが求められます。

また、アジャイル式の推進過程では、その達成度合いや結果を短期的なサイクルで評価することで、新しい取り組みの効果や効率性を把握し、必要な修正や改善を行うことも必要です。

日本企業では、多くの企業が中期経営計画を立案し、3カ年でのPDCAを実施しています。しかし、「不確実性が高い環境下で、3カ年の計画を立案したり、定量目標を設定したりすること」に少なからず疑問を感じている読者も多いのではないでしょうか。

不確実性が高いからこそ、財務指標だけで評価できないからこそ、経営は、いま、価値創造経営への転換が求められています。

第2章以降は、本章で解説した「価値創造経営」の必要性を踏まえて、価値創造経営の考え方、実践方法を解説します。

第2章
開示制度が変われば
経営も変わる

第2章のサマリー

1. 非財務情報開示で踏まえるべき流れは大きく2つ

ISSBの設立をきっかけにサステナビリティ情報を含む非財務情報開示に際しては基準設定主体が収れんされる方向にある。多くの日本企業は①ISSB⇒SSBJ⇒有価証券報告書への流れと②CSRD/ESRSの動向を踏まえることが必要。

2. 非財務情報も将来は会計監査と同レベルの保証

今後は非財務情報に対しても財務情報と同様の第三者保証が求められ、将来的には会計監査と同じレベルの保証が求められる。そのため、それを見越したプロセス、システム、および内部統制の整備が必要。

3. 非財務情報の信頼性を高めることは必須

財務情報と非財務情報は互いに連携し、両者が一体となって企業のあるがままの姿を映し出すことがステークホルダーの期待とも言える。そのため、第三者保証にとどまらず情報の信頼性を高めることが必要。

4. 自社の実態を適切に伝えるための「開示戦略」

　企業価値を高めるためにはレポーティングの向上とパフォーマンスの向上が必要。前者に関しては開示の要求事項と開示媒体の件の検討、自社の事業活動や経営状況に照らした、「自社のあるべき開示の全体像とは何か？」を開示戦略として見直すことが必要。

5. 自社の取り組みに「ストーリー」はあるか？

　パフォーマンスの向上に際してはストーリー性を持った取り組みが必要。すなわち、自社の理念体系を頂点として、マテリアリティ、ポリシー、行動計画、目標・KPIを一貫した形で定義することで、サステナビリティ経営に必要な資源配分を最適化することが可能となり、かつそれについて投資家をはじめとしたステークホルダーに示すことで企業価値の向上につながる。

●非財務情報開示制度の潮流

　読者の方々も認識されているように、世界中で非財務情報の開示を取り巻く動向が大きく変容しており、その法規制対応も複雑になりつつあります。

　足元では、既に**2023年3月期の有価証券報告書からサステナビリティ情報の開示が求められる**ようになりました。本章ではまずこの点をおさらいしつつ、特に日本で注目を集めている人的資本開示について解説します。

●2023年3月期　有価証券報告書

　2023年1月31日、金融庁は、有価証券報告書および有価証券届出書（以下、有価証券報告書等）の記載事項について、主に、「サステナビリティに関する企業の取組みの開示」と「コーポレートガバナンスに関する開示」を改正する「企業内容等の開示に関する内閣府令」等の改正を公表しました。この改正により、有価証券報告書等において、「サステナビリティ情報」の記載欄の新設や、人的資本・多様性に関する開示やコーポレートガバナンスに関する開示の拡充が、2023年3月31日以後に終了する事業年度に係る有価証券報告書等から適用されることになりました。改正後の有価証券報告書のイメージは、図表2-1の通りです。

　まず、「サステナビリティに関する考え方及び取組」の欄が新たに設けられ「ガバナンス」「リスク管理」「戦略」「指標及び目標」の4つの要素を記載することとされました。これらの事項は、図表2-2のように定義されています。

図表 2-1：改正後の有価証券報告書のイメージ

有価証券報告書

第一部企業情報

第1 企業の概況

【従業員の状況】（充実）

第2 事業の状況

【経営方針、経営環境及び対処すべき課題 等】

【サステナビリティに関する考え方及び取組】（新設）

【事業等のリスク】

【経営者による財政状態、経営成績及びキャッシュ・フローの状況の分析】等

第3 設備の状況

第4 提出会社の状況

【コーポレート・ガバナンスの状況等】（充実）

第5 経理の状況

【連結財務諸表、財務諸表 等】

- ■ 女性活躍推進法等に基づき以下を記載
  - ・女性管理職比率
  - ・男性育児休業取得率
  - ・男女間賃金格差

- ■ サステナビリティ情報の「記載欄」新設
  - ・「ガバナンス」「リスク管理」の記載は必須
  - ・「戦略」「指標及び目標」は重要性を踏まえ判断
- ■ 人的資本について以下を記載
  - ・「戦略」に、**人材育成の方針、社内環境整備方針**
  - ・「指標及び目標」に、当該方針に関する**指標の内容**、当該指標を用いた**目標・実績**

- ■「取締役会等の活動状況」などを開示

出所：金融庁　開示府令より PwC 作成

なお、この４つの要素はもともと2017年６月に公表された「TCFD（気候関連財務情報開示タスクフォース）」の最終報告書がベースとなっています。そして、この枠組みは有価証券報告書のみならず、後述するISSBのサステナビリティ報告基準、およびEUのサステナビリティ情報開示規制であるCSRDの具体的な内容を規定するESRSでも採用されており、非財務情報開示における共通認識となりつつあります。

図表 2-2：非財務情報開示の４つの要素

ガバナンス	サステナビリティ関連のリスク及び機会を監視し、及び管理するためのガバナンスの過程、統制及び手続
リスク管理	サステナビリティ関連のリスク及び機会を識別し、評価し、及び管理するための過程
戦略	短期、中期及び長期にわたり連結会社の経営方針・経営戦略等に影響を与える可能性があるサステナビリティ関連のリスク及び機会に対処するための取組
指標及び目標	サステナビリティ関連のリスク及び機会に関する連結会社の実績を長期的に評価し、管理し、及び監視するために用いられる情報

出所：金融庁　開示府令よりPwC作成

上記の４つの要素のうち、「ガバナンス」「リスク管理」に関しては記載が必須となっていますが、「戦略」「指標及び目標」に関しては重要なもののみ記載することとされています。ただし、**人的資本については重要か否かにかかわらず、以下を記載することとされています。**

・**戦略**
人材の多様性の確保を含む「人材の育成に関する方針」および「社内

環境整備に関する方針」（例：人材の採用および維持ならびに従業員の安全と健康に関する方針）

・指標及び目標

　上記に記載した各方針に関する指標の内容、当該指標を用いた目標および実績

　これらの事項は、2021年6月に行われたコーポレートガバナンス・コードの改訂において以下のように定められた事項であり、翌年東証により実施された対応状況の調査ではプライム市場において6割程度の企業が遵守しているとされていました。

　そのため、多くの企業にとっては一定の対応がなされてきた事項であり、それを有価証券報告書に記載することで足りたものと考えられます。

参考：改訂コーポレートガバナンス・コード

> 3－1③ 上場会社は、経営戦略の開示に当たって、自社のサステナビリティについての取組みを適切に開示すべきである。また、人的資本や知的財産への投資等についても、自社の経営戦略・経営課題との整合性を意識しつつ分かりやすく具体的に情報を開示・提供すべきである。

　また有価証券報告書では、従来より「従業員の状況」を記載することとされており、例えば自社グループの従業員数を記載することとされていました。

　2023年3月期の有価証券報告書からは、さらに、いわゆる女性活躍推進法等で規定されている「男女間賃金格差」「女性管理職比率」「男性の育児休業取得率」を記載することとされました。ただし、記載が義務づけられているのは女性活躍推進法等の規定により当該指標を公表している会社とされています。

なお、「記述情報の開示に関する原則」の別添資料では、これらの多様性に関する指標については、投資判断に有用である連結ベースの開示に努めるべき旨が記載されています。さらに、これらの情報に加えて任意の追加的な情報を追記することも認められています。

　これまで、サステナビリティ情報を含む非財務情報は、統合報告書のような任意の開示書類に記載されることが一般的でした。今回、法定開示書類である有価証券報告書にこれらの情報が記載されるに際して、虚偽の記載をした場合の罰則が議論されました。これらの議論の結果、その性質上、サステナビリティ情報に関しては将来情報を含むことが多いものの、記載すべき重要な事項について、一般的に合理的と考えられる範囲で具体的な説明が記載されている場合には、**有価証券報告書に記載した将来情報と実際に生じた結果が異なる場合であっても、直ちに虚偽記載等の責任を負うものではない旨**、規定されました。

　また、有価証券報告書の記載事項を補完する詳細な情報について、いわゆる任意開示書類を含む他の書類を参照することが認められています。この場合、**参照先の書類に虚偽の表示等があったとしても、直ちに有価証券報告書の虚偽記載等の責任を負うものではない点**も併せて規定されています。

・人的情報可視化指針

　2022年8月に内閣官房は「人的資本可視化指針（以下、可視化指針）」を公表しました。この指針は、人的資本に関する情報開示の在り方に焦点を当て、既存の基準やガイドラインの活用方法を含めた対応の方向性について包括的に整理した手引とされています。

　また、本指針と「人材版伊藤レポート」および「人材版伊藤レポート2.0」を併せて活用することで、人材戦略の実践（人的資本への投資）と

その可視化の相乗効果が期待できる、とされています。

　可視化指針および人材版伊藤レポートの概略と関係図は、図表2-3の通りです。

　可視化指針では、人的資本の可視化の方法が図表2-3の左下にある①〜③の3つのステップで述べられています。加えて、可視化に向けた具体的なアクションが**「基盤・体制確立編」**と**「可視化戦略構築編」**の2つに区分された上で、有価証券報告書および任意開示への落とし込みについて記載されています。

　また、可視化指針では、**最初から完成度の高い人的資本の可視化を行うのではなく、「できるところから開示」を行った上で、投資家等のステークホルダーからの開示へのフィードバックを受け止めながら、人材戦略やその開示をブラッシュアップしていく**ことが非常に重要だと考えられています。

● 日本における今後の動向

　これまでは既に改正済みの事項に関して記載をしましたが、今後もわが国を含め各国において着目すべき多くの制度設計が予定されています。

　国内の動向としては、特に、SSBJ（サステナビリティ基準委員会）と金融庁の動きを踏まえた有価証券報告書におけるサステナビリティ情報のさらなる開示拡充が想定されています。

　SSBJは「国際的なサステナビリティ開示基準の開発への貢献」と、「国

図表 2-3：可視化指針および人材版伊藤レポートの概略と関係図

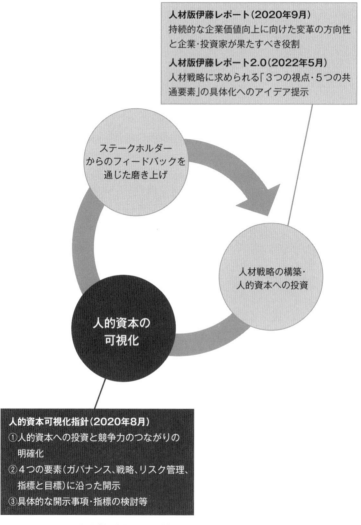

出所：「人的資本可視化指針」「人材版伊藤レポート」「人材版伊藤レポート 2.0」より PwC 作成

内のサステナビリティ開示基準の開発」の2点を目的として、2022年7月1日に設立されました。SSBJが開発するサステナビリティ開示基準については、有報への反映も含めた法令上の枠組み等への反映が検討されています。

・IFRSサステナビリティ報告基準（グローバル）

　グローバルの開示基準の動向については、特にIFRS財団の動きが注目されます。

　サステナビリティ報告基準開発を求める声の高まりを背景に、IFRS財団は2021年11月にISSB（国際サステナビリティ基準審議会）を設立しました。その後ISSBは、サステナビリティに関連した財務情報を資本市場に提供するための包括的なグローバルベースラインとなる基準とすべく、公開草案の公表、および市中協議を経て、2023年6月26日にIFRS S1号「サステナビリティ関連財務情報の開示に関する全般的要求事項」、およびIFRS S2号「気候関連開示」の両基準を公表しました。

　IFRS S1号は、一般目的財務報告の主要な利用者が企業に資源を提供するかどうかの意思決定を行う際に有用なサステナビリティ関連のリスクおよび機会に関する情報を開示することを企業に要求しています。かかるリスクと機会を識別し、開示するために、次の2段階のプロセスに従うことが必要となります。

ステップ1：短期、中期、長期にわたり企業の見通しに影響を与える可能性のあるサステナビリティ関連のリスクと機会を識別する。
ステップ2：識別されたサステナビリティ関連のリスクと機会に関して提供すべき開示を決定する。

また、気候関連開示に関する基準であるIFRS S2号は、IFRS S1号の要求事項を基礎としたテーマ別の基準書であり、気候関連の開示に焦点を当てています。気候変動関連のリスクや機会を開示するという目的を達成するために、IFRS S2号の導入に関する産業別ガイダンスで定義されている産業別の開示トピックを参照し、その適用可能性を検討することが要求されています。なお、この産業別ガイダンスは「SASBスタンダード」と呼ばれる米国のサステナビリティ情報開示基準がベースとなっています。

　さらに同基準は、気候関連のリスクや機会を測定、モニタリングおよび管理するために、企業が指標や目標をどのように使用するかについて、他の産業別指標や7つの産業横断的指標を考慮することを企業に要求しています。産業横断的指標には、温室効果ガス（GHG）排出量、移行リスク、物理的リスク、気候関連の機会、資本展開、インターナル・カーボン・プライシング（ICP）による価格、および報酬に関する開示が含まれています。

　ISSBは、これらの基準が各法域の基準に含まれるよう、他の国際機関や各法域と緊密に協力して基準設定を進めています。SSBJはこれらの基準をベースとして、日本におけるサステナビリティ開示基準を開発すること、およびそれらの基準に基づいた開示が求められる方向にある点については前述した通りです。

・CSRD（EU）

　ここまで述べてきた動向が最終的に有価証券報告書に収れんされる流れであったのに対し、日本企業が注目すべきもう1つの大きな潮流として「欧州企業サステナビリティ報告指令（CSRD）」と「欧州サステナ

ビリティ報告基準（ESRS）」が挙げられます。

　EUでは現在、「NFRD（非財務情報開示指令）」により非財務情報の開示ルールが策定されています。しかし、2050年までに気候中立を目指すといった野心的な目標を掲げる欧州グリーンディール政策において、より実効性のある開示ルールが求められることとなり、EUでの議論を経て、CSRDが2023年1月5日に発効されるに至りました。また、具体的な開示事項を規定するESRSについても、2023年7月31日に、欧州委員会（EC）が最終的な委任法として採択しました。

　なぜ、日本企業がEUの規制であるCSRDにおいて、ここまでの注目を集めているのでしょうか。

　その大きな理由の1つが、**適用範囲が拡大される**ことにあります。CSRDの適用対象となる主な企業とその適用時期は、図表2-4の通りです。

　1つ目のカテゴリであるEU事業者（EU域内にて設立された企業または企業グループ［以下、「企業」と総称］）については、上場、非上場を問わず、一定の基準を充たす企業はCSRDの適用対象となります。そのため、日本企業の欧州子会社がまずこのカテゴリに該当する可能性があります。

　そして、日本企業にとってより大きな影響があると考えられるのが、2つ目のカテゴリにある「第三国事業者（Third Country Undertaking）」です。これは、EU域外で設立された企業であったとしても、EU域内で一定規模以上の事業を行う企業はCSRDの対象企業となり、グローバル連結のサステナビリティ情報の開示が求められることとなるというものです。

　日本企業がCSRDの原則的な規定に依った場合、欧州子会社およびそ

の傘下のグループの開示が2025年より開始（2025年のデータを2026年に開示）、グローバル連結のサステナビリティ情報の開示が2028年より開始（2028年のデータを2029年に開示）となります。

　加えて、ESRSはサステナビリティに関する広範なトピックスを取り扱っており、気候変動のみを取り扱っているTCFDや現時点のISSBの基準よりも範囲は広いものと言えます（図表2-5）。

　しかし、**企業はこれらすべての項目を開示することは求められておらず、マテリアリティ評価による開示項目の絞り込みを実施することが求められています。**

　そして、CSRD対応と切っても切り離せない用語として「ダブルマテリアリティ」があります。何が“ダブル”なのかを示したのが図表2-6です。

　先に述べたISSBの基準は企業にとってのリスク・機会にフォーカスしていることから、財務的マテリアリティに特化しているものと言えます。しかし、CSRD対応においては財務的マテリアリティに加えてインパクト・マテリアリティによるマテリアリティ評価が求められています。

　CSRD対応の特色として最後に挙げるのは「第三者保証」です。従来の実務においてもESG格付けを受けるため、CO_2排出量など、個別の指標に関して第三者認証を受けているケースはあります。

　しかし、**CSRDで求められる第三者保証は、当初は限定的保証であるものの、将来的には合理的保証へ移行することが企図されています。**このうち、**合理的保証は現在の会計監査と同程度の保証水準を担保することが求められる**イメージとなります。

　現在の会計監査は財務諸表数値の監査手続策定に際して、その数値情報の収集プロセス、および内部統制が適切に機能していることを前提と

図表 2-4　CSRD の主な適用範囲：

	適用企業	適用時期
EU事業者 (EU undertaking)*	単一事業者 ・大企業* ・上場している中小企業（SME）	2025年度 （NFRD 適用企業は2024年度）
	グループ ・大規模グループの親会社*	
第三国事業者 (Third country undertakings)	・EUに大企業または一定の要件を充たすEU支店を持つ第三国の事業者 ・過去2期連続で、EU域内の純売上高が€150M以上	2028年度

＊3つの要件のうち2つを2会計期間連続で超えた場合
ー貸借対照表合計€ 20M
ー売上高 €40M
ー従業員数 250名

出所：CSRD より PwC 作成

図表 2-5：ESRS に含まれる各基準

出所：ESRS より PwC 作成

しています。したがって、将来の合理的保証への移行を踏まえた場合、**サステナビリティ情報の作成プロセスや内部統制の整備**、といった論点を踏まえる必要もあります。

ISSBよりも広範なトピックを取り扱いつつマテリアリティの概念を拡張し、かつ第三者保証までも要求するCSRDが非常に速いスピードで具体化、制度化されている中で、**多くの日本企業としてはまずCSRD、ESRSへの対応を先行させつつ、有価証券報告書への開示に具体化されるISSB基準への対応を行うこと**が望ましいものと考えられます。

● 米国における動向

米国の動向としては、SEC（米国証券取引委員会）の動きが注目されます。2020年8月にSECの改正規則により人的資本開示として、人的資本についての説明と、企業が事業を運営する上で重視する人的資本の取り組みや目標の記載を要求しており、これらについては、2023年にも改訂が予定されています。

また、2022年3月21日に、気候関連の企業情報の開示を、米国内外のすべてのSEC登録企業に義務化する提案を公表しており、2023年中に最終化予定です。提案された内容は、TCFD提言、GHG（温室効果ガス）プロトコルを参考とした内容となっています。なお、この提案でも第三者保証が含まれており、限定的保証から合理的保証への移行が企図されています。

図表 2-6：ダブルマテリアリティ

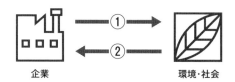

企業　　　　　　　　　　環境・社会

① **インパクト・マテリアリティ**

・企業や人が環境に与える影響

・企業 事業が人や環境に重要なインパクトを与える項目が該当する

② **財務的マテリアリティ**

・サステナビリティに関するリスク・機会を通じて企業が被る影響

・重要な財務的影響を引き起こす／短中長期的に将来のキャッシュフロー
　に影響を与える（可能性がある）が、現時点は（完全には）財務報告上では
　捉えられていない項目が該当する

出所：CSRD/ESRS より PwC 作成

●非財務情報を取り巻く動向まとめ

以上、国内外における非財務情報の開示について説明を加えてきました。

これらの目まぐるしい動きをまとめると、以下の2つになります。

1. 従来存在していた多種多様な非財務情報開示のフレームワークがISSB（国際サステナビリティ基準審議会）の設立をきっかけとして、収れんされつつあります。前述の通り、大多数の日本企業は、開示制度への対応という意味では**先行しているCSRDへの動向と、ISSB基準からSSBJ基準を経て有価証券報告書に取り込まれる流れ**を追うことで、多くの部分がカバーされるものと考えます。

2. 非財務情報が法定開示へ取り込まれること、加えてCSRDやSECでは第三者保証が要求されるように、**開示する情報の信頼性が求められる**方向にあります。

では、これらの状況に取り組む上で、どのような対応が必要となるでしょうか。

●サステナビリティ情報開示のロードマップ

対応すべき事項が最も多く、スピーディーな対応が必要となるCSRDを例とした場合のロードマップの一例を図表2-7に示します。

図表2-7：CSRD対応のロードマップ例

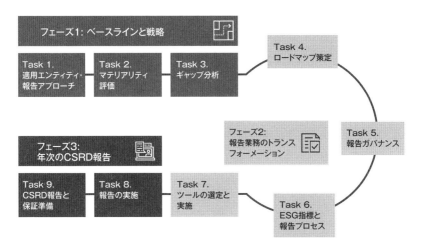

　先に述べた通り、日本企業においてCSRDの開示は2026年からスタートします。IFRSと異なりCSRDにおいては適用初年度において比較情報の開示が求められないとはいえ、準備にかけられる時間はかなり限られています。いずれ有価証券報告書においてもサステナビリティ開示の詳細な情報が求められるという趨勢からすれば、いかに非財務情報の開示の検討を早く開始するかが重要です。

　Task4のロードマップ策定までがいわゆる「フェーズ1」であり、プランニングのフェーズと言えます。そのため、以下Task4までのタスク内容を簡単に概説します。

・Task1　適用エンティティ・報告アプローチ

　前述したように、CSRDにおいては適用となる会社の要件が決められているものの、自社グループに属する企業がこの要件に該当するかの判断は各社の財務諸表数値や従業員数、資本関係図があれば整理が可能となります。むしろ、このTaskで主眼となるのは、「**どの会社、どの部署を巻き込んでいくか**」という点にあります。

　CSRDはサステナビリティ情報に関する開示であるため、いわゆるサステナビリティ推進担当部署が対応の中心となることは多いと思われます。一方で、本タスク1つ取ってみても、整理に必要な財務諸表数値や資本関連図は経理、財務担当が作成・保管していることが多いなど、他部署の協力を仰ぐ必要が出てくるのがCSRD対応の特徴とも言えます。

・Task2　マテリアリティ評価

　マテリアリティ評価のプロセスに関しては本書では割愛しますが、従来のマテリアリティ評価よりも詳細なプロセス、そして第三者保証の観点からはエビデンスに足るだけの文書化が求められるでしょう。一方でCSRDという開示規制のためだけにマテリアリティ特定を一からやり直す、というのは実務上相当にハードルが高いと言えます。

　しかし、CSRDがサステナビリティ先進国の多いEUの規制である以上、ダブルマテリアリティを含むCSRDによるマテリアリティ評価がグローバルにおけるデファクト・スタンダード（事実上の標準）となります。当該マテリアリティ評価のプロセスや結果も開示されることからすれば、将来的な検討課題に加える必要はあるものと考えられます。

　見方を変えてみると、マテリアリティ評価は企業にとって「限りある経営資源をどの領域に投入するか」という点を決定するための基礎となるものです。従来から経営資源の配分は経営上の重要事項ではありましたが、**現在においてはその領域が地理的、あるいは時間的に拡大をし、**

サステナビリティの領域も含める必要が出てきた、という見方もできるでしょう。

・Task3　ギャップ分析

　初期的な計画段階においてはギャップ分析の上で足りない部分を課題として抽出することが非常に重要です。論理的にはマテリアリティ評価の結果、重要でないと判断された事項に関しては開示の必要がないことから「ギャップ分析の必要はない」と言えます。

　しかし、前述した通り開示のためだけにマテリアリティ分析をやり直すことが実務上困難である、という点もさることながら、まずはクイックにすべてのESRSを対象とすることを筆者は推奨しています。

　なぜなら、フレームワークやガイダンスの類と異なり、基準や規制の策定に際しては、パブリックコメントの募集など、適切なデュープロセスが存在します。それは別の言い方をすれば、**基準や規則の要求事項は、ステークホルダーの期待を最大限に反映したもの**ということです。したがって、基準や規則の言わんとしていることを適切に読み取り、自社に当てはめてみることも、ある種のステークホルダーエンゲージメントではないかと筆者は考えています。

・Task4　ロードマップ策定

　Task3のギャップ分析から得られた課題を解決するためのロードマップを描くことになります。ここでCSRDに限らずここまで述べてきた非財務情報の開示を踏まえた場合、以下の2つに留意する必要があるものと考えます。

1. 情報の信頼性確保

　前述した通り、CSRD、あるいはSECにおいては開示情報に対して第

三者保証が求められます。加えて、有価証券報告書前段のサステナビリティ情報の開示に関しても将来の監査・保証の在り方が検討課題とされるなど、非財務情報に対しても第三者による監査・保証が求められるという趨勢についてはもはや疑いようがないでしょう。

　監査や保証が求められることもまた、ステークホルダーからの期待とも言えます。例えば投資家の場合、企業からの情報開示をベースに投資の意思決定を行います。従来は財務情報をベースとして投資の意思決定を行っていたのに対して、現在は非財務情報を投資判断に用いるESG投資が盛り上がりを見せています。

　また、顧客は企業の財・サービスを購入するという意思決定を、従業員は労働力を提供するという意思決定をそれぞれ行いますが、もとよりこれらの意思決定は財務情報だけでなく、非財務情報を根拠に行われることも多いです。そのためステークホルダーが非財務情報の信頼性を求めることは当然と言えます。

　また、実態が伴っていないにもかかわらず環境に配慮したかのような取り組みや商品を宣伝する「グリーンウォッシング」という言葉も市民権を得ています。加えて、昨今はCO_2排出量の削減目標の達成状況やESG投資のインデックスへの採用が役員報酬に反映されるといった動きも加速していますが、このことは不正のインセンティブにもつながることになります。仮にこのような不正が生じ、明らかになった場合、課徴金等の形で企業の財務に直接影響が及ぶことにもなります。

　このように、**非財務情報の開示拡充、そして経営意思決定への利用拡大の推進のためには、非財務情報の信頼性を確保しなければなりません。**その信頼性の確保のためには財務情報と同様に、管理基盤となる情報収集・処理プロセスを整備することにより、非財務情報の信頼性を向上で

きると見込まれます。このときに想定される主な課題・確認事項と対応策として、以下の3つが考えられます。

①非財務情報の基盤整備（開示プロセスの高度化・効率化）

これまでの非財務情報開示の中心は任意開示であり、第三者保証の対象外であったため、その作成プロセスには多くのマニュアル作業が存在し、属人化された非効率かつ数値を誤るリスクの高いプロセスが存在するケースがありました。**非財務情報の質を向上させるためには、財務報告と同様に、非財務情報に係るグループ方針に基づき、グループ会社、あるいは必要であればバリューチェーンを含む各拠点からの情報収集をパッケージ化し、機械的かつ適時に情報を収集・作成する仕組みを整える**必要があります。

この仕組みは一時に完成するものではなく、また開示基準も今後改訂が加わることを踏まえ、PDCAを構築した上で、継続して改善活動を行うことも視野に含めるべきだと考えられます。

②内部統制の構築・運用の強化

財務報告に係る内部統制制度（J-SOX）が導入されて10年以上が経過し、内部統制の整備・運用が定着化しています。しかし、非財務情報に関する内部統制の導入は進んでいません。非財務情報に関する内部統制の構築については、当該情報の開示等に係る国内外における議論を踏まえて検討されるべきとの問題提起もなされており、将来的に、内部統制報告制度に含められる可能性もゼロではありません。その場合、財務報告に係る内部統制と同様に、**非財務情報開示に係る内部統制においても、その開示プロセスを正確に棚卸しし、可視化した上で、適切な対応を行う**必要があります。

③内部監査の実施

内部監査部門では組織全体のリスクにフォーカスした内部監査の実施など、内部監査の実効性を確保することが求められています。最近では、データアナリティクス等の最新のテクノロジーやメソドロジーの利用が求められるようになっています。今後はサステナビリティ活動や非財務情報開示に関しても、業務執行部門・管理部門である1線・2線だけの対応に留まらず、3線である**内部監査部門における内部監査の対象としていくことが、会社としての非財務情報の信頼性に寄与**するものと考えます。

CSRDをはじめとした非財務情報の開示基準への対応に際して、フェーズ2は子会社等への展開（インプリメンテーション）が中心となります。この場合、上記に述べた①～③の視点を織り込むことは必須と言えます。

2. 他の開示媒体を踏まえた開示戦略

開示制度の拡充を機に、**中長期的な開示戦略を検討し、ロードマップに織り込むことが望ましい**と考えられます。

自社のメッセージをステークホルダーに明確に伝えることが、「対話」を始めるトリガー（きっかけ）となり、対話からのフィードバックを経営に反映させることで、企業価値の向上に資することになります。このとき想定される主な課題・確認事項とその対応策は、以下の4つが例として挙げられます。

①他の開示基準等における動向との整合性確認

例えば欧州ではEUタクソノミーといった開示基準、あるいはCSDDD（Corporate sustainability due diligence Directive）といった他のサステナビリティに関する規制も検討されています。また、ESGに関しては

いわゆる格付け機関対応も求められています。

　このため、CSRD以外でも必要とされる情報を一括して整理することが望ましいと言えます。

②各開示媒体の位置づけ／制度開示資料の開示内容の整理

　企業は自社のあるがままの姿を正確に、効果的に開示することが重要ですが、そのコミュニケーションが企業からの一方通行となるべきではありません。開示基準等の要求事項の充足に留まらず、ステークホルダーとのコミュニケーションを通じて、ステークホルダーの要求する情報を開示することが、ステークホルダーからの期待に応えるという観点でも重要です。

　また、企業は、法定開示書類のほか統合報告書・サステナビリティ報告書・TCFDレポートといった任意の開示書類、さらには自社のウェブサイトでの情報公開を行っていますが、これらの開示が、投資家をはじめとするステークホルダーにとって効率的な情報開示になっているかどうかも重要なポイントです。

③非財務情報の開示基準に関する動向モニタリング体制の整備

　開示基準は、初度の開示が終わったあとも継続して改訂されていくものとなります。そのため、現時点からこれらの動向を継続してモニタリングするための仕組みを整備することも必要です。

　仕組みの整備に際しては、単なる開示対応だけでなく、前述した通りその基盤整備についての対応も必要となり、適用までに多数かつ複雑なタスクが発生する可能性を踏まえた上で検討をする必要があります。

　このため、開示基準等の動向を適時に網羅的に把握し、その内容を正確に理解し、自社に適用されるかどうか、適用されるのであればどのような対応が必要かをモニタリング・分析する機能が必要です。

④中期開示計画の策定

　非財務情報の開示は、財務情報のように作成スケジュールがルール化されているわけではなく、開示するタイミングや頻度も企業によって異なります。また「サステナビリティ発表会」といった投資家との定期的なコミュニケーションが存在しない企業も見受けられます。KPIとして定めた非財務情報・指標について、目標と実績との比較による達成度合いの評価や、定めた開示内容について、年間を通した計画的な開示スケジュールの策定や開示内容の整理など、場当たり的ではないコミュニケーションを中期的なスパンで計画することが重要です。

● 非財務情報開示の意義 - 企業価値の向上に向けて

　ここまではCSRDを中心として、企業に求められる対応を述べてきました。差し迫った期間で、第三者保証をにらむ必要もあるという点で、非常にインテンシブな対応が求められます。

　しかし、そうであるからこそ、「**今後数年というスパンで多くの工数とリソースを費やして非財務情報の開示を行う、そのゴールが必要最低限のコンプライアンス対応でいいのか**」という問題提起が必要です。

　そもそも、非財務情報は財務情報を補完するものとして、企業の持続的な成長に不可欠なものです。このため、財務情報と同様、非財務情報についても、ステークホルダーに対して質量兼備した透明性の高い情報開示を行い、そこから得られるステークホルダーからのインサイトやフィードバックを経営に活かすことが、持続的な企業価値の向上につながると考えます。

　企業価値を向上させるには、「①レポーティングの向上（企業の実力を正しく評価してもらう）」と、「②パフォーマンスの向上（企業の実力を

上げていく）」という２つのアクションが不可欠です。

①レポーティングの向上

　非財務資本はいまや企業価値の大半を構成する競争優位構築の源泉となっています。この情報が投資家をはじめとするステークホルダーに正しく伝わらない限り、本来の企業価値の通りに評価されません。

　図表2-8は、非財務情報を含む開示における優良企業と同業他社とのPBRを比較したものです。この図表からも分かるように、開示の質とPBRには正の相関関係が存在すると推察されます。投資家をはじめとしたステークホルダーに対し、適切にサステナビリティ活動を開示・コミュニケーションすることは、投資家への適切な情報提供を通じて、本来の企業価値に対する正当な評価を取得する第一歩となります。このレポーティングの向上については、前述した開示戦略に負う部分が多いと言えます。

②パフォーマンスの向上

　「②パフォーマンスの向上」に際しては、経営戦略との連動、言い換えれば自社がストーリーを持った取り組みを行えているか、という点が課題となります。

　「サステナビリティ」は、企業価値と環境・社会価値の両立を目指すことを指す概念と筆者は考えています。サステナビリティ経営を推進するためには、「環境・社会」と「経済」の関係と構造や、「環境・社会」の問題がどのように自社の市場や供給の能力に影響を与え、社会から企業に対する要請を変化させるのかについて、深く理解する必要があります。

　サステナビリティ活動がどのようなメカニズムで長期的な企業価値向上につながっていくかを整理し理解しなければ、どのようなサステナビ

リティ活動がより効果的かを特定し、それらに対する適切な資源配分に関する意思決定を行うことはできません。

　また、このメカニズムは企業内部のみで構築できるものではありません。企業は非財務情報の開示を通じて投資家やサプライチェーンといったステークホルダーからのインサイトやフィードバックを得ることができます。これらのインサイトやフィードバックには、これまで財務情報を中心とした企業情報の開示から得られていたものとは異なる性質のものが含まれる可能性があります。**投資家やサプライチェーンといったステークホルダーからのインサイトやフィードバックを正しく整理し、継続的に検討・対応することが、このメカニズムの質を高める**ことにつながるものと考えます。

　その上で、企業には、サステナビリティに関する重要課題の整理やその重要課題に紐づく企業内のサステナビリティ活動の特定、その活動に対する自社固有のKPIの設定が求められます。これらの設定したKPIに関する情報・実績値を正しく、定期的に収集・分析し、マネジメント層がそれらを正確に理解し、企業の事業活動や経営方針にフィードバックしていくことが求められます。

　非財務情報は財務情報と互いに連携し、整合的であるべきです。このため、**これらのKPIは企業の事業活動や経営方針と同じベクトルを向いて設定されるべきであり、中期経営計画への非財務情報の取り込みも求められると考えます。**

　さらに、こうしたKPIの情報を開示することで、ステークホルダーから企業の実力が正確に評価されることとなり、企業の実力そのものを向上させることにもつながります。

図表 2-8：開示優良企業と同業他社の PBR 比較

	A社	B社	C社	D社	E社	F社	G社	H社	I社
業界平均 PBR	1.35	0.91	1.28	0.91	1.23	1.23	0.33	1.35	1.28
各社* PBR	3.12	3.12	1.88	1.33	1.64	1.41	0.48	1.07	0.91

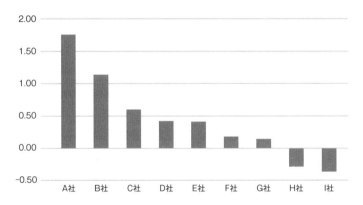

PBR偏差

* GPIFが選定する「優れた統合報告書」「改善度の高い報告書」、日経「統合報告書アワード」、WICIジャパン「統合報告
優良企業表彰」、IR協議会「IR優良企業賞」より、受賞数が多い上位9 社の財務指標を各業界平均と比較。

理念体系を頂点として、マテリアリティ、ポリシー、行動計画、目標・KPIを一貫した形で定義することは、サステナビリティ経営に必要な資源配分の最適化につながります。その際には、図表2-9のように、サステナビリティに関する活動と非財務情報を紐づけ、社会的なアウトカムと財務情報へのつながりを示すインパクトパスの整理も有効です。

　開示制度、基準は突然降ってわいたものではなく、前述の通り、**ステークホルダーの期待の集約**と言えます。そのため、基準を通じてステークホルダーが真に企業に対して問うていること、求めていることは何かを見極めることが必要です。そのことが、自社の企業価値とサステナビリティの両方の質を高め、ひいては自社の存在意義を高めていくことにつながるものと筆者は考えています。

図表 2-9：非財務情報の社会的アウトカムと財務情報への紐づけ例

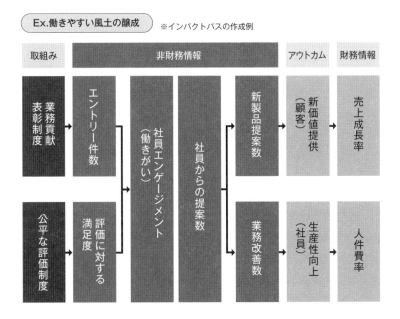

Ex.働きやすい風土の醸成　※インパクトパスの作成例

取組み	非財務情報	アウトカム	財務情報

業務貢献表彰制度 → エントリー件数 → 社員エンゲージメント（働きがい） → 社員からの提案数 → 新製品提案数 → 新価値提供（顧客） → 売上成長率

公平な評価制度 → 評価に対する満足度 → 業務改善数 → 生産性向上（社員） → 人件費率

第3章
企業価値とは何かを考える

第3章のサマリー

1. 短期的な財務成果ではなく、長期的な視点に立って 社会的価値を創出する

　不確実・非連続な時代である現代においては、過去の延長に未来があるという前提から脱却し、長期的な視点で事業を捉え、社内外の環境変化にも対応して社会的価値を創出しなければならない。

2. 非財務資本を活用して経済的価値と社会的価値の創出を 両立する戦略を立てる

　企業理念やパーパス、ビジョンを実現する戦略を立て、非財務資本を無形資産として活用することで戦略目標を達成し、社会的価値と経済的価値の創出の両立を実現することが経営者に求められている。

3. 戦略を達成する価値創造ストーリーの共感を得る

　持続的な価値の向上を実現するため、社会的価値を創出し続ける流れを明確化し、企業価値を向上させるための具体的な目標や方向性を価値創造ストーリーとしてステークホルダーに共有し、共感を得ることが経営者の使命である。

●大事なことは「将来を考えること」

　ここまでの章で述べてきたように、制度開示だけでなく管理会計の観点からも社会的価値を創造し企業価値を向上するため、過去ではなく将来を考えたマネジメントの変革が必要であることは、これからの経営者が認識すべきテーマです。

　経営者の仕事は、現在の業績をマネジメントすることでもなければ、経済的な価値だけを高めることでもありません。

　経営者の最も重要な役割は、短期的で経済的な目標達成をコントロールすることではなく、将来にわたって持続的に企業価値を高めることにあります。

　既に確定した事実が予算や中期経営計画に対してどう進捗しているかを管理する業務は結果管理、経済的価値を管理しているにすぎず、新しい価値を創出するためのものではありません。

　また、将来を正確に予測することが難しく、従来のパターンや慣習が破壊され、新たな枠組みやルールが出現する不確実・非連続な時代である現代においては、過去の延長に未来があるという前提から脱却する必要があります。企業が掲げる理念、パーパスやビジョンのもと、どのような未来を見据えて、まさに来たらんとする将来を明確にし、持続的に企業価値を高めるために何をすべきかを示すことが経営者の担うべき役割になります。

●財務成果の評価だけでは不十分

　では、なぜこれまでのような企業の活動すべてが織り込まれた結果で

あるはずの財務成果の管理を中心とした経営管理ではダメなのでしょうか。

2022年3月に内閣官房が公表した「非財務情報可視化研究会の検討状況」では、「米国市場(S&P500)の時価総額に占める無形資産の割合は年々増加しており、2020年は時価総額の90%を無形資産が占める。すなわち、企業価値評価において非財務情報に基づく評価が大半を占めている。日本市場（日経225）は、有形資産が占める割合が大きい」との分析がなされています。

また、日本企業の低いPBRは全業種に及び、米国市場に対して時価総額に占める無形資産の割合が低い日本企業は、企業価値そのものが低水準であり、財務成果の向上を重要視して経営を行ってきた日本企業は無形資産の価値向上が海外の企業と比べて十分にできておらず、その結果、企業価値自体が低水準になっていることがうかがえます。

企業価値とは、企業が持つ現在価値と将来価値を併せた価値を指します。企業価値は、企業が将来的にどの程度の現金を生み出すことができるか、またその現金を得るために必要な投資やコストがどの程度かなど、多くの要素に影響されます。

企業価値の評価は、長い間、収益性や市場シェアなどの財務的観点を中心とした数値指標に基づいて行われてきました。しかし、先述の事実からも分かる通り、利益や売上高の成長率が高ければ企業の価値があると考えられてきた伝統的な価値観は、昨今の企業を取り巻く経営環境の変化の中、従来型の財務指標を起点とした戦略立案、経営管理が、企業価値向上に必要な管理、評価の手法としてほころびを見せており、財務

図表 3-1：時価総額に占める無形資産の割合と日米欧の業種別平均PBR

時価総額に占める無形資産の割合

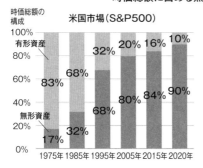

米国市場（S&P500）

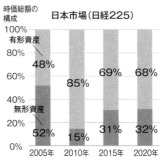

日本市場（日経225）

出所：CSRD/ESRS より PwC 作成

日米欧の業種別平均PBR

	日本	米国	欧州
自動車・自動車部品	0.83	6.34	2.55
銀行	0.44	1.58	1.11
鉱物・基本素材	0.77	5.13	1.97
化学	1.13	3.81	2.91
建設	1.19	4.05	3.55
消費財	2.33	5.76	5.80
エネルギー	0.64	5.97	2.23
金融	1.93	7.16	2.54
食品	1.62	6.08	3.81
ヘルスケア	2.98	7.94	6.35
産業用剤・サービス	2.20	10.42	4.92
保険	0.67	4.86	1.62
メディア	1.30	3.43	4.46
介護、薬品、日用品店	2.55	41.96	4.14
不動産	1.67	3.52	7.24
小売	3.82	10.05	4.86
技術	5.12	13.47	8.02
通信	2.03	3.57	2.53
旅行	3.08	8.66	3.96
電気・水道・ガス	0.61	2.68	2.55

出所：2022 年 4 月グローバル競争で勝ちきる企業群の創出について② 5p　経済産業政策局

的な観点だけでは企業価値を正しく評価できていないことが課題として認識されています。

その理由の1つとして、企業は単なる数値の集合体ではなく、それは人々の集合体であり、その活力や創造性、ビジョンによって成り立っていることが挙げられます。企業の価値は、社員や経営陣、そしてその企業が関わる顧客や社会の中にも存在しているため、財務的な観点だけでは十分な評価を行うことは困難なのです。時価総額に占める無形資産の割合とPBRの関係から推察できるように、企業価値の向上には財務成果よりも無形資産の価値向上が与えるインパクトが大きいため、日本企業はこれまでの財務成果に注目した経営ではなく、無形資産の向上に注力した経営にシフトしていく必要があると言えます。

図表3-2 これまでの経営とこれからの経営の姿

視点	これまでの経営	これからの経営
評価	財務成果を中心に評価	財務成果と無形資産の価値を統合的に評価
時間軸	短期的視点	中長期的視点
対象とする関係者	株主、投資家など経済的視点における関係者中心	経済的視点の関係者に、顧客、従業員、地域社会、サプライヤーなどの社会的視点を加えた企業が関与するすべての関係者
重視する環境	財務状況、および生産性、効率性、人的資本、内部プロセス等の社内環境中心	社内環境に加え、市場、経済、政治、テクノロジーの進歩や革新などの社外環境

●長期的な視点が必要

　長期的な視点で事業環境の変化を捉え、企業の持続可能性や社会的責任に関わる課題を認識、解決していくことは企業価値の向上における重要な要素であるにもかかわらず、これまでの現在価値に焦点を当てた経営管理では十分な検討がなされていないケースも多くみられます。

事業期間を1年で捉え、期初に策定した予算と実績の比較を行うだけの短期的視点に焦点を当てた経営管理では、長期的な持続可能性や社会的責任の課題が軽視され、利益最大化や財務視点のKPIの達成に経営者の関心が集中する傾向があります。短期的な財務成果に焦点を当てたことで、環境や社会の影響や将来のリスクを見落とし、外部不経済の発生や、持続的な成長や価値創造の戦略が欠如した方向へ企業をミスリードする懸念もあります。

　また、同様の理由から倫理や社会的価値に反する行動が起こり、企業の信頼性や社会的評価が低下し、持続的な成長に影響を及ぼす可能性があります。

　したがって、企業は長期的な視点を持ち、将来的な財務成果と環境や社会に対する責任を果たしつつ社会的価値を向上させて、持続的な価値創造を追求する必要があります。

●外部環境も考慮する必要がある

　さらに、外部環境の変化を把握し、産業や経済の全体像、市場の変化や競争状況を考慮した企業活動を行うことも、これまでの経営管理ではその取り組みが十分であったとは言えません。

　各企業内の資源に関する情報の把握、評価を行ったところで、個々の

企業の価値が向上したかどうかは評価できません。また事業環境をはじめとする社会と切り離して企業は存在することができないため、外部環境から受ける影響を考慮せずに価値を創出することは不可能と言えます。外部環境は経営活動に直接的な影響を与える要素であり、それにより発生するリスクやルールの変更などは企業の成功や失敗に大きな影響を及ぼすからです。

　外部環境は市場のトレンドや競争状況などの情報だけでなく、景気変動や為替レートといった経済的要因に加え、法律や規制、政治的な変化やステークスホルダーの価値観の変化といったさまざまな社会的要因についても考慮しなければなりません。
　経営者は自社の管理指標や数値目標の達成だけに注目した経営管理ではなく、外部環境の変化についても状況を把握し、今後の変化を見据えた意思決定を行う必要があります。

● 事業環境の変化は加速している

　近年の企業を取り巻く環境とリスクはこれまで企業が経験した事例の延長線上から、予測できない水準にその多様性が拡大しています。
　昨今の新型コロナウイルス感染症（COVID-19）の影響による働き方の変化や世界全体のパワーバランスを揺るがしかねない国家間の争いが世界経済全体に影響を与えた例は、企業経営にも大きな影響を与えています。
　時代の流れとともに世の中の価値観も変化し、新しいテクノロジーや社会の変化によって、企業価値の捉え方も変わるのは自然なことだと経営者は捉えるべきです。

企業文化や人材、ESGやSustainabilityといったキーワードや、地政学リスクや政治体制間の対立といった企業価値を毀損する新たなリスクの出現はこれで落ち着くわけではなく、変化の影響範囲は今後も拡大し、事業環境の非連続な変化は今後も続いていくと考えられます。

　また、テクノロジーの急速な進展はこれまでの市場のルールを破壊し、新しいビジネスモデルを台頭させます。このような環境変化に対応できない企業は競争力を失い、市場から取り残される可能性があります。社会の価値観の多様化や行動パターンの変化はマーケットのニーズに変化を与えるため、企業は市場調査や顧客からのフィードバックによる情報収集を積極的に行い、柔軟に戦略を変える必要があります。

　このような経営に大きな影響を与える、事業環境を構成する要素の多様化と加速する細分化は、企業価値の向上に責任を負う経営者にとって対処すべき課題であり、経営管理のテーマに含めて検討すべきであることは明白です。

●社会的価値の観点の必要性

　このような事業環境の変化が加速し、財務成果だけでは企業価値を向上できない時代において、経営者はどのよう企業価値の向上に取り組めばいいのでしょうか。

　ここで重要になるのが、従来の財務的な価値創出の視点だけではなく、**社会的価値の観点を含めた統合的な視点による経営管理を行う考え方**です。

　単なる利益追求ではなく、環境と社会へ配慮した施策を行うことは顧客からの支持や信頼の獲得につながり、社会に貢献する存在として評価

されるため、企業自体の信用や期待値が上昇します。社会的価値が向上した企業はその評価により競合する他社よりも製品やサービスがマーケットから選択されるようになり、結果的に経済的な価値を向上させることにもつながります。

　経営者はこれらの社会的価値を向上させる活動が企業価値を向上させるドライバーであることを認識して戦略を検討する必要があります。

　逆に、社会的価値の向上を考慮しない経営を行うと、どのようなことが起きるのでしょうか。

　社会的価値を無視した経営は、短期的な利益追求に偏る傾向があります。このような経営スタンスでは、持続可能な成長や長期的な競争力を維持することが難しくなります。社会的価値を考慮しない経営は、環境への負荷や資源の浪費、社会的不平等の拡大などをもたらし、結果的に企業の持続可能性を脅かす可能性があります。

　例えば、環境問題への対応が不足した企業は、長期的な持続可能性を考慮せず、環境に対する負荷や破壊を引き起こし、社会からの批判や法的な問題に直面することとなります。

　人材の育成や組織文化に問題がある企業は、労働法や倫理に反する行為、労働者の権利の侵害といった問題に直面し、経営陣や従業員による汚職や贈収賄、違法な行為への加担は法的な問題を引き起こすなど、企業の評判やブランドイメージは傷つき、顧客や株主の支持を失うことになります。

　また社会の構成要素である消費者や利害関係者は、企業の倫理や社会的責任に関心を持つ傾向があります。そのため、社会的価値を無視した経営が明るみに出れば、企業の信頼性やブランドイメージに悪影響を及ぼす可能性があります。例えば適切な品質管理や安全基準を欠いた製品は、顧客の信頼を失い、商品の信用やブランド価値を損なうだけでなく、

不良品や安全上のリスクを放置することは、企業の評判や市場シェアに悪影響を及ぼす可能性があります。

　これらの例のように、企業が持続的な成長を実現するためには、従来のような財務的な観点だけでなく、経営戦略や組織の資源・能力、顧客やステークホルダーとの関係性など、多面的な要素を総合的に考慮する必要があります。

●社会的価値の重要性の高まり

　これまでの企業の戦略では、経済的な成果を追求することが主眼とされてきました。株主や投資家といった関係者からも経済的な成功を求められることで、企業の重要な目標は利益最大化や株主価値の向上が中心となっていた面もあります。

　しかし、近年の社会の変化や意識の高まりにより、従来の経済的な成果だけではなく、企業は社会的な価値を創造することが求められるようになりました。

　企業が利益を追求することは企業が存在し続けるための目的の1つです。しかし、その過程で社会的責任を果たさなければ、企業の持続可能性が損なわれることになるため、「社会的責任を果たすことで、企業は長期的な発展につながる好循環を生み出すことができる」という考え方が近年、主流になってきています。

　社会的価値の重要性が高まっている背景には、社会の期待と価値観の変化があります。現代の消費者やステークホルダーは、企業が利益を追求するだけでなく、社会的な課題や環境への負荷に対処し、社会に対す

る貢献を果たすことを求めています。

　企業は、顧客や従業員、投資家、地域社会などのステークホルダーの期待に応えるために、社会的価値の創造を重視する必要があります。そして経営者は、従来の経済的価値だけでなく、社会的責任や環境責任を果たすことが期待値として企業価値に反映されることを念頭に置き、持続的な社会的価値を創出する経営を行わなければなりません。

　では、社会的価値とはいったいどのようなものを指すのでしょうか。

図表 3-3：企業価値を支える概念

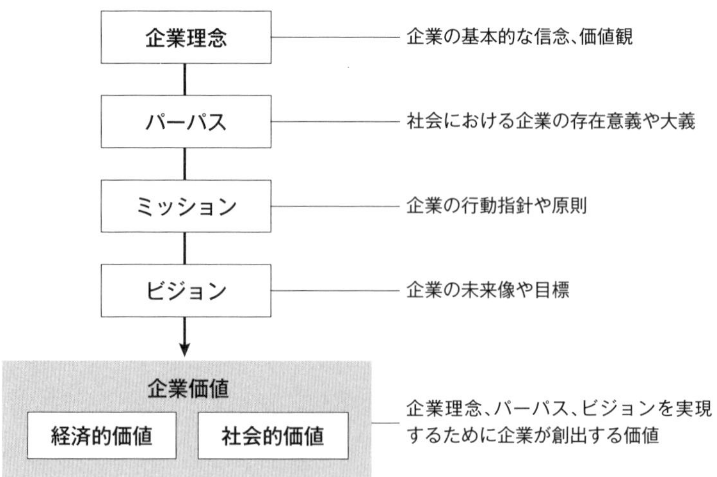

企業理念	——— 企業の基本的な信念、価値観
パーパス	——— 社会における企業の存在意義や大義
ミッション	——— 企業の行動指針や原則
ビジョン	——— 企業の未来像や目標

企業価値
| 経済的価値 | 社会的価値 |

企業理念、パーパス、ビジョンを実現するために企業が創出する価値

●社会的価値とは

　そもそも企業は財務的価値の向上だけを目的に設立されているわけではありません。企業理念、定款などには「社会においてどのような存在であり、どのようなことを事業として行って価値を創出するのか」といった高めるべき社会的価値の内容が明示されおり、経済的価値は、企業がその対価として得られた結果でしかないのです。

　企業の社会的価値は、企業の理念、パーパスやビジョンに基づいて社会全体に対してもたらす積極的な影響や貢献のことを指します。単なる利益追求だけではなく、持続可能な社会の構築や社会的課題の解決に向けた企業の取り組みが、社会的価値の創造につながり、それにより得られた経済的な価値の向上を通じて企業価値を持続的に向上させていくのです。

　では、企業理念、パーパス、ビジョンとはそれぞれどういったものであり、それらは社会的価値とどのような関係なのでしょうか。

・企業理念、パーパスとは
　企業理念、パーパスは、企業の社会的な存在意義や大義を表します。これは単なる利益追求ではなく、社会に貢献することを目指す深い意味を持っています。これらは企業の核となる価値観や信念を反映し、社会的な課題への取り組みや社会的な影響力の実現に向けた原動力となります。**企業が企業理念、パーパスを持つことは、単なるビジネス活動の枠を超えて、社会的な価値の創造や社会貢献に真摯に取り組む姿勢を示すもの**です。

・ビジョンとは

　ビジョンは、企業の未来像や目標を描いたものです。これは企業理念やパーパスに基づいて具体的な方向性を示し、企業がどのような社会的価値を創造し、どのような地位や役割を果たすことを目指しているのかを示します。**ビジョンは、企業のステークホルダーに対して明確なイメージを提供し、共感と共有を生み出します。また、企業の経営戦略や行動計画を形成する基盤となり、社会的な価値の実現に向けた取り組みを促進します。**

●企業理念、パーパスやビジョンと社会的価値の関係

　企業理念、パーパスやビジョンには、社会的な目標や価値が内包されています。企業は利益を追求するだけでなく、社会の持続的な発展や人々の幸福を追求することが求められています。社会的価値の向上は、これらを基盤として展開されます。企業や組織が自身の存在意義や達成すべき目標に基づき、持続可能なビジネスモデルや社会的なイノベーションを推進することで、社会的価値を創出し、社会全体にポジティブな影響を与えることができます。

　社会的価値の向上に至るプロセスでは、企業理念、パーパスが組織の存在理由を示し、ビジョンが将来の方向性を示します。これらが組織の中で共有され、組織文化や戦略に浸透することで、社会的価値の追求が具体化されます。組織は、自身の活動やビジネスにおいて社会的影響を最大化するために、戦略的な取り組みを展開し、社会的価値の向上に貢献することが求められます。

・社会的価値の創出イメージ

　例えばサービス型の事業は、商品を売るのではなく、サービスや体験を提供することが主なビジネスモデルとなっています。そのため、サービスや体験の質や顧客満足度など、財務諸表からは直接読み取れない社会的価値を創出しています。

　また、ソーシャルビジネスや環境ビジネスなどは社会的な課題を解決することを目的として設立されることが多く、新しい技術や商品、サービスを開発するイノベーション型の事業は将来の成長性が高く、経済的な価値が高い場合がある一方で、その価値を生み出す技術やアイデアといった非財務資本については市場からの信頼や顧客の評価、反応といった形で社会的価値に影響を与えています。

　製造業においても、社会的な価値を重視した企業は地域住民からの支持を得るために、環境負荷の低減や省エネルギー技術の開発、地域の文化や環境に配慮した活動など、社会的な責任を果たす取り組みを行っています。

　一方、利益追求に焦点を当てて社会的な影響を無視する企業は、共感される企業理念やパーパス、ビジョンを掲げているとは言い難いでしょう。
　企業の目的は経済的な成果を追求することですが、社会的な負の影響を与えながら利益を追求する企業は、いかに大きな利益を上げていようとも、その価値について社会からの共感を得ることが困難です。

・企業理念、パーパスとビジョンが社内外に与える影響

　企業理念、パーパスやビジョンは組織内のメンバーに共感や意識を喚起する役割を果たします。社会的価値の創出に向けた取り組みは、組織

内の人々が共有し、共感することが重要です。企業が社会的な価値を追求することを示し、組織のメンバーがそれに共感し、自らの行動や取り組みに反映させることで、社会的価値の創出につながります。

さらに、これらは企業のイメージや評価に大きな影響を与えます。社外の人々は、企業が自らの利益追求だけでなく、社会的な価値を追求し、将来にわたって持続的な成長を目指しているかどうかを重視します。企業が何のために存在し、どこに向かっていくのか、その方向性が明確で説得力があれば、企業は社会的な信頼と支持を獲得しやすくなります。

これらの関係は、具体的な行動計画や取り組みの基盤となり、企業が社会的価値を具体化するための流れを作り出します。企業はこれらを前提とした自らの方針に基づいて、製品やサービスの開発、事業運営、社会的責任の果たし方などを具体化し、社会的価値の創造に取り組むことで、持続的な成長と社会への貢献を実現することができるのです。

経営者がこれらの社会的価値の論点を考慮して統合的な視点で企業価値創出に取り組むことは、競争優位性を確保することができるだけでなく、社会からの信頼を得ることにもつながり、さらには長期的なビジネスの成功にもつながります。

また、変化し続ける事業環境のもと、持続的に企業価値を高める経営管理へシフトするために、統合的な視点で企業価値を構成する要素を定義し、それを管理、評価する仕組みの構築を進めることは、経営者が優先して取り組まなければならない最重要テーマです。

●社会的価値と経済的価値の関係

社会的価値の重要性はこれまで述べてきた通りですが、では社会的価

値の創出に注力した結果、経済的価値はどのような影響を受けるのでしょうか。

　社会的価値の創出に注力することは、経済的価値の創出に直接的につながらないことから単にコストの増加につながる活動にしか見えず、財務的視点では企業の存続を毀損する行動と思われるかもしれませんが、そうではありません。

　社会的価値と経済的価値は、密接に絡み合っており、互いに影響し合う関係があります。

　まず、社会的価値の追求は、経済的価値の創出にも波及します。企業が社会の課題やニーズに応えるための製品やサービスを提供することで、顧客の支持を得ることができます。顧客の満足度の向上は、経済的な成果を生み出す一因となります。

　また、企業の社会的な貢献が広く認められると、ブランド価値が向上し、競争力の強化にもつながります。つまり、社会的価値の追求は、経済的な価値の創出に寄与する要素となるのです。

　一方で、経済的な成果があることで、企業は社会的な価値の追求に取り組む基盤を築くことができます。経済的な健全性が保たれることで、企業は社会的な課題への投資やイノベーションに積極的に取り組むことができます。資金やリソースを適切に活用することで、環境保護や社会的な貢献活動に取り組む余裕が生まれます。

　また、経済的な成功によって企業は成長し、雇用を拡大することができます。地域社会に雇用と経済的な活性化をもたらすことは、社会的な価値の創出につながります。

●社会的価値の向上と外部不経済の解消

　それだけではなく、社会的価値の向上は経済的価値の創出により発生する外部不経済の解消にも貢献します。例えば、環境に配慮した事業活動やエネルギー効率の改善は、生産性の向上などに寄与することで間接的に経済的価値を向上させると同時に、環境汚染や資源の浪費を軽減し、外部不経済を削減する効果があります。

　また、社会的なインクルージョンやダイバーシティの推進は、社会全体の均等な機会や利益の提供を促進し、社会的な不平等や格差を緩和する効果があります。これによって、社会の一部が排除されることによる経済的な損失や社会的な摩擦が軽減され、経済活動や社会の持続的な発展にプラスの影響を与えることが期待されます。

●社会的価値と経済的価値の両立

　このように社会的価値の重要性の高まりは、企業の存在意義の観点からも経済的な成果と社会的な成果の両方を追求する統合的なビジネスモデルが必要であることを浮き彫りにしました。経営者は経済的価値の追求だけでは企業の存在意義を証明し続けることができず、社会的価値を向上させる取り組みを行うことがこれからの経営にとっては不可欠です。

　社会的価値の向上と経済的価値の向上は、一見するとトレードオフの関係に見えます。しかし、社会的価値の追求により創出された価値は間接的に経済的価値の創出にも波及し、外部不経済の解消にもつながることからその両立は可能であると言えます。企業が社会的価値と経済的価値の両方を最大化することで、持続可能な発展と社会への貢献を実現することが現代企業の真の「戦略」と言えるでしょう。

図表 3-4：経済的価値と社会的両立イメージ

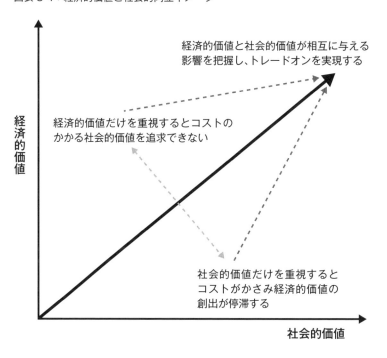

●戦略を具体化するためには「戦略目標」が必要

　では、企業が社会的価値と経済的価値の両方を最大化し、持続可能な発展と社会への貢献を実現するために、経営者が具体的にとるべきアクションはどういったものなのでしょうか。

　社会的価値と経済的価値の両方を創出して企業価値を高めていくには、明確な方向性と目標が必要です。
　戦略目標は、企業の存在意義とつながる企業価値の創出に向け、企業が競争上の優位性や付加価値を持つために、どのような取り組みや戦略を採るかを示すものです。これにより、企業は社会的な価値や環境への配慮など、幅広い側面において価値を創出する方向性を明確にします。

　戦略目標の存在は、経営管理において重要な役割を果たします。企業価値を向上させるための具体的な目標や方向性が示されることで、組織は共通の目標に向かって努力し、意思決定やリソースの配分を効果的に行うことができます。また、戦略目標は企業理念、パーパスやビジョンとも関連しており、組織内外のステークホルダーに対して企業の意図や方向性を明確に伝える役割も果たします。

●戦略目標の設定に必要な考え方

　企業が掲げた存在意義を実現するには、戦略目標を設定するだけではなく、持続的に企業価値を向上させていくための道筋を描くことが重要です。
　大局的な目標は多くの企業がビジョンなどで示していますが、それら

に対して具体的な戦略目標を設定することで、具体的な手段や方向性を明確化することができます。

　戦略目標は、組織内外のステークホルダーに対しても明確な指針となり、企業価値を向上させるための統一された方向性を示すことができます。企業価値の向上は、顧客満足度の向上、市場シェアの拡大、収益の増加などさまざまな要素によって実現されます。戦略目標は経営戦略やマーケティング戦略、財務戦略など、さまざまな観点からこれらの要素を具体的かつ測定可能な目標として設定することで、組織全体の努力を統合する役割を果たします。

●目標の達成とリソースとしての資本

　さらに、**戦略目標の達成には企業のリソースや能力をどのように活用するか**が重要です。
　企業が活用できるリソースは財務資本と非財務資本があり、これらは互いに補完的な役割を果たします。財務資本は経済的な成果や資金面での安定を支え、非財務資本は社会的な価値や持続可能性を強化します。両者を組み合わせて活用することで、企業は総合的な価値の向上と社会的価値の追求を両立させることができ、戦略目標の達成を目指すことが可能になります。
　では、財務資本と非財務資本とはいったいどういったものなのでしょうか。

・財務資本とは
　財務資本は、企業の財務面や資金に関連する要素です。これには資金

調達、資本配分、資金効率の最適化などが含まれます。財務資本の活用は、戦略目標の達成において重要な要素となります。

　例えば、新たな事業拡大や投資計画を支援するための資金の調達、財務リスクの最小化、効率的な資本配分などが挙げられます。財務資本の適切な活用は、企業の成長や収益性の向上に寄与し、経済的価値を追求する戦略目標の達成を支援します。

・非財務資本とは

　一方、非財務資本は、企業の知識、ブランド価値、人材、社会的な関係などの無形の資源や能力を指します。これらの資本は、企業の競争力や持続可能性を形成する上で重要な役割を果たします。非財務資本の活用は、社会的価値の追求や戦略目標の達成において重要です。

　例えば、持続可能なビジネスプラクティスの確立やイノベーションの推進、社会的な関係の構築と維持、ブランド価値の向上などが挙げられます。非財務資本の適切な活用は、企業の社会的な影響力や評価を高め、社会的価値の創造を促進します。

　戦略の実現には、財務資本と非財務資本の両方をバランスよく活用する必要があります。財務資本は組織の基盤を支え、非財務資本は組織の成長と競争力を形成します。企業は財務的な側面だけでなく、人的資本の育成や社会的な関係構築、知識の蓄積と活用にも注力し、総合的な価値を最大化することが重要です。

●戦略を実現するためには非財務資本の活用が重要

　従来から注目されている財務資本に対し、非財務資本は、組織の成長

と競争力を形成する上で重要な要素ですが、しばしば活用されてこない傾向がありました。これは、非財務資本の価値や影響が定量的には測定しにくいことや、財務的な成果に直結しない場合に見過ごされがちであるためです。

　では、非財務資本の活用はどのように企業価値の向上につながるのでしょうか。

　非財務資本は、社会的価値の構築に重要な役割を果たします。社会的価値と非財務資本は相互に関連しており、互いに補完しあっています。社会的価値の追求は、非財務資本の投資と発展を促進し、逆に、非財務資本の強化は社会的価値の創造に貢献します。これにより、持続可能な社会の構築や共同の幸福の追求が可能となります。

　したがって、社会的価値と非財務資本の関係は、単なる経済的な利益追求だけではなく、人間の福祉と社会の発展を考慮した総合的なアプローチを必要とします。社会的価値の創出のため非財務資本を活用する事で、個人や組織はより持続可能で意義のある存在となり、社会全体の豊かさと繁栄に貢献することができます。

　非財務資本は企業が価値創造を行うために利用するリソースのうち、財務資本以外のものを指しますが、経営者が非財務資本を活用するためには、その抽象的な概念を、経営を行うための資源として具体的な無形資産として定義する必要があります。

　では、そもそも非財務資本とはどういったものなのでしょうか。

　国際統合報告評議会（International Integrated Reporting Council：IIRC）が2013年の12月に発行している国際統合報告フレームワーク（IRフレームワーク）では、企業が価値創造を行うために利用するリソース

や関係性を6つの資本として分類しています。

・財務資本（Financial Capital）

　企業の運営や成長に必要な現金や資金、証券化された資産など、金銭的価値を持つ資本を指します。

・製造資本（Manufactured Capital）

　物理的に作り出されたもので、企業が生産や提供する製品やサービスに必要な設備、建物、機械、技術、ブランドなど、物的な資本を指します。

・人的資本（Human Capital）

　企業における従業員の知識、スキル、能力、モチベーションなど、人的なリソースを指します。

・社会的・関係資本（Social and Relationship Capital）

　企業と社会との関係や信頼関係、企業が社会に還元する貢献など、社会的なリソースを指します。

・知的資本（Intellectual Capital）

　企業における特許、商標、著作権、ノウハウ、データベースなど、知識や情報に関する資本を指します。

・自然資本（Natural Capital）

　企業が利用する天然資源や生態系、環境に関するリソースを指します。

　このうち財務資本以外は企業が持つ経験、専門知識、顧客、ブランド、イメージ、社会的信頼性など、企業の価値を形成するための資源であり、

非財務資本として定義されます。

　これらは、企業の競争優位性を形成するために重要な役割を果たし、IRフレームワークで定義する資本の中でも評価における重要度が高まっています。企業は、これらの資本を適切に管理し、最適なバランスを見つけることで、持続的な価値を創造し、長期的な成長を実現することが求められています。

●非財務資本と無形資産の関係

　では、非財務資本は企業価値を向上させる要素として、どのように活用していくのでしょうか。

　5つの非財務資本の概念は抽象度が高いため、戦略目標との関係を明らかにするには具体的なレベルに落とし込む必要があります。さらに実務レベルではそれをより企業価値に影響を与える要素レベルに分解し、企業が保有する無形資産として定義、評価する仕組みを整え、それらに対するアクションを意思決定の対象とすることが必要です。

　ここで定義する無形資産は、企業の戦略や競争優位性、リスク管理能力、ブランドイメージ、経営者に対する評価や人材などの内部要因だけでなく、市場や法律環境、社会的・政治的な影響などの外部要因に由来する要素を企業活動に資する資源として定義したものを指します。

　企業のパーパス、ビジョンや戦略に合致し、市場や顧客の需要に応える無形資産を把握することが企業価値向上、戦略目標の達成のための重要な要素となります。

●非財務資本から生まれる無形資産の種類

　無形資産は財務諸表上では把握できない要素であり、それぞれの企業における業種や特性によりその形はさまざまですが、次に挙げるものが代表的な対象となります。

・知識、ノウハウ

　企業のコア・コンピタンスを形成し、競争優位性を生み出すために重要な要素です。企業が持つ知識やノウハウには、特許や技術情報などの形で表れるものと、人材の技術や経験、ネットワークなどの形で表れるものがあります。特許や技術情報などの知的財産は、企業の競争優位性を支えるために重要です。

　また、人材の技術や経験、ネットワークなどは、企業の創造力やイノベーション力を高め、ビジネスモデルの改善や新たな事業の創出につながります。

　企業は、自社が持つ知識やノウハウを積極的に活用し、新たな価値を生み出すことが求められます。また企業は、知識やノウハウを守り、増やすことで、競合他社からの模倣を防ぎ、持続的な競争優位性を維持することで、企業価値の向上を実現します。

・経営者・人材

　経営者は、企業の方向性や戦略、ビジョンを決定し、組織を統括する役割を担っています。経営者の経験や専門知識、リーダーシップ能力が優れているほど、企業の意思決定の質や方向性が高まり、企業価値の向上につながることが期待されます。

　また、人材は企業の中心的な要素であり、企業の競争力や成長に大きく関わっています。人材の専門知識やスキル、経験、ネットワークなど

が豊富であれば、企業の業務効率性や品質、顧客満足度の向上につながり、企業価値の向上に貢献することが期待されます。

・企業文化・価値観

　企業のアイデンティティを形成し、従業員や顧客、社会との関係性を構築するために重要な役割を果たしている要素です。企業の行動指針や意思決定の基盤となり、企業文化や価値観が従業員に共有され、組織内で共有されることで、従業員の行動や判断に影響を与えます。

　例えば、企業が「社会貢献」を重視している場合、従業員は社会貢献を目指す行動をとることが期待されます。また、企業が「顧客満足度」を最優先とする場合、従業員は顧客のニーズや要望を理解し、顧客満足度を向上させる行動をとることが期待されます。

　また、企業文化や価値観は従業員のモチベーションや満足度にも影響を与えます。企業文化や価値観が明確であれば、従業員は自分たちが目指すべき方向性を理解し、仕事に取り組むことができます。

　また、企業文化や価値観が従業員に共有され、組織内で共有されることで、従業員のモチベーションや満足度が向上することが期待されます。企業の文化や価値観が社員や顧客に共感され、強い支持を得られる場合、企業のイメージや評価が向上し、企業価値に影響を与えます。

・従業員満足度

　従業員が働きやすくやりがいを感じる環境を整備することで、従業員のモチベーションが向上します。それにより、従業員がより効率的に業務をこなすことができ、生産性が向上することが期待されます。

　また、モチベーションの向上は、顧客に対する接客やサービスにおいても、より高い品質を提供することができるようになります。その結果、

図表 3-5：企業価値を構成する全体像イメージ

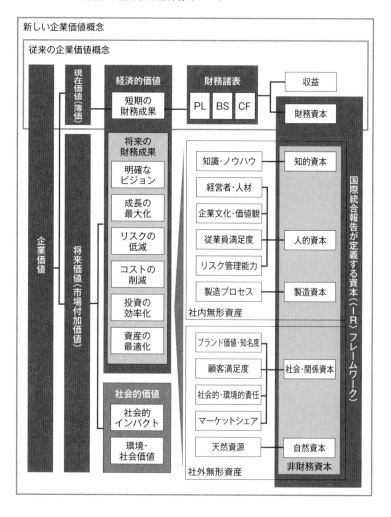

顧客からの評価が高まり、顧客満足度が向上することが期待されます。

　従業員の確保・維持についても、従業員満足度が高い企業はメリットがあります。従業員が働きやすい環境が整備されていると、その企業に対する信頼や帰属意識が高まります。そのため、企業に長期間勤め続けたいという従業員が多く集まるようになります。

　また、退職率が低くなるため、人材の定着が促進され、価値を創出する優秀な人材を多く確保していることは企業価値の向上につながります。

・リスク管理能力

　業務上のリスクを最小限に抑え、安定的な経営を維持する上で重要なリスク管理能力は、従業員のトレーニングや社内のルール作り、リスク対策の経験の蓄積など、さまざまな要素によって構成されます。リスク管理能力を持つ企業は、リスクに対する備えができているため、企業価値に対してポジティブな影響を与えます。例えば、災害や事故などのリスクに対して備えがある場合、復旧作業にかかる費用を最小限に抑えることができます。

　また、リスクに対する適切な対応がとられることで、企業の信頼性や評判を高めることができ、顧客からの支持や新規顧客獲得につながることもあります。

　逆に、リスク管理能力が低い企業は、リスクに対する備えが不十分であり、経営上の危機に陥る可能性が高くなります。そのため、投資家や株主からの評価も低下する可能性があります。したがって、リスク管理能力は、企業価値を向上させる非常に重要な要素の1つとして評価されます。

・製造プロセス

　企業が保有する特定の製造技術や工法、製品の品質管理の方法や品質

基準、生産能力向上のための改善手法、製造ノウハウやベストプラクティス、生産設備や工場のレイアウトなど、物理的な形を持たない製造に関する知識やノウハウは生産性を向上させ、企業価値に影響を与えます。製造プロセスにおける無形資産は、企業の製品の品質や効率性、生産性、コスト削減などに大きな影響を与えます。

　製造プロセスにおける無形資産は、特定の製品や技術に関する専門知識やノウハウが蓄積されたものであり、長期的な研究開発や試行錯誤によって蓄積されてきたものが多いです。

　製造プロセスにおける無形資産を保有する企業は、顧客や取引先からの信頼度が高く、製品の品質や信頼性が高いというイメージを持たれることがあります。したがって、製造プロセスにおける無形資産は、企業価値を高めるために非常に重要な要素となります。

・ブランド価値や知名度

　企業の製品やサービスが取引先や消費者に認知されていることを示しています。これらは、企業が継続的にマーケティング活動を行ってきた結果として形成される無形資産です。ブランド価値や知名度が高い企業は、製品やサービスに対する消費者の信頼感が高まり、製品やサービスの需要が高まるため、売上高や収益の増加につながります。また、競合他社よりも優位に立つことができ、市場シェアを拡大することができます。

　さらに、ブランド価値や知名度は、企業の認知度を高めることによって、新規顧客獲得につながります。また、ブランド価値や知名度が高い企業は、従業員の採用やリテール業者との契約など、ビジネス上のさまざまな面で優位に立つことができ、企業価値を高めると評価できます。

・顧客満足度

　顧客満足度が高い企業は、競合他社よりも多くのリピート顧客を獲得し、口コミや評判が広がるため、新規顧客獲得にもつながります。また、顧客満足度が高い企業は、製品やサービスの品質を維持するための取り組みが強化されます。顧客からのフィードバックを受け取り、改善につなげることで、製品やサービスの品質を向上させることができます。このような改善によって、企業の競争力が強化され、企業価値の向上につながります。

・社会的・環境的責任

　企業が社会的・環境的な問題に対して責任を持ち、それに対する取組みを積極的に行っていることで顧客や投資家、取引先などのステークホルダーからの支持や評価を得ることができます。その結果、企業の長期的な持続可能性や競争力を向上させることにつながるため、社会的・環境的責任を果たすことは企業への信頼となって、企業価値の向上に大きな影響を与えます。

　また、社会的・環境的責任に対する取り組みは、企業のリスク管理にも関連しています。企業が社会的・環境的な問題に対して無関心であった場合、それによって引き起こされるリスクや損失を回避することができません。

　一方、社会的・環境的責任に対する取組みを積極的に行っている企業は、それによって引き起こされるリスクを最小限に抑えることができます。よって、社会的・環境的責任に対する取り組みは、企業にとって社会的な貢献や環境保全に向けた取組みであるだけでなく、企業自身の評価や競争力の向上につながる重要な無形資産であると言えます。

・マーケットシェア

マーケットシェアは、企業がその市場での競争優位性を示すための重要な指標である一方で、その指標が社内外に共有されることは企業のブランド価値として社会的価値に大きな影響を与えます。

マーケットシェアが高い企業は、その市場での影響力が強く、顧客や取引先、投資家からの信頼度が高まります。また、競合他社と比較して、より大きな規模の生産や販売が可能となり、その結果としてコスト削減効果を享受できる可能性があります。さらに、市場のトレンドや顧客の需要変化に敏感であり、その市場でのリーダーシップポジションを維持するために、積極的に新しい製品やサービスの開発に取り組むことができます。企業が市場での競争に勝ち、市場シェアを獲得できると期待される場合、企業価値にプラスの影響を与えます。

・天然資源

天然資源は、自然界で生産された物質やエネルギーのことであり、企業が所有するものとは限りません。ただし、企業が天然資源を利用することで、その企業にとっての無形資産となる可能性があります。

例えば、企業が特定の地域において天然資源を活用した製品を生産している場合、その地域やその製品に対する消費者からの信頼や評価が高まることがあります。また、企業が自社で天然資源を保有している場合、将来的な需要増加に伴う価値上昇などが期待できます。

一方で、天然資源の持続可能な利用が求められる現在では、企業がそのようなリスクに対してどのように対応していくかが、その企業の社会的評価やブランド価値にも影響を与えることになります。

企業が環境に配慮した資源の採掘方法を採用し、地域住民との協調を図ることで、天然資源の利用に対する社会的批判を回避することができ、企業価値へ影響を与えることになります。

●企業価値を向上させるために無形資産を活用する

　非財務資本を無形資産として活用することは、社会的責任の遵守や社会的価値の創造を通じて、企業の評判や信頼性を高め、市場競争力やブランド価値を向上させる流れを生み出します。

　社会的責任を果たしている企業は、社会的問題に対する認識が高い顧客から支持され、企業の業績向上に寄与するなど、間接的に収益性を向上させることで経済的価値を高める効果もあります。長期的な視点で捉えると無形資産を利用して創出した社会的価値は経済的価値にも波及して企業価値をさらに向上させる循環が生まれます。

　こういった観点から無形資産は、企業にとって非常に重要な要素であり、企業価値に大きな影響を与えます。経営者は、企業が持つ無形資産の価値を正しく理解し、従業員やブランドイメージ、社会的責任など、企業の内部や外部に与える影響の大きさと、投資と効果のバランスを注視しつつ、これらの無形資産の管理や改善に注力することで、企業価値を向上させることが求められます。無形資産を適切に管理し、企業価値の向上に最大限に活用する取組みは、継続、改善を続けることで企業を長期的な成功に導くことができます。

●価値創造ストーリーの共感を得ることが経営者の使命

　経営者は、企業の方向性や目標を明確に定め、その実現に向けた戦略を策定します。しかし、戦略の実現には、単なる戦略目標の設定や無形資産の定義だけでは十分ではありません。

　これまでも経営者は数々の戦略と戦略目標を設定してきましたが、財務成果を中心に経営を行っていた時代は、その目標がKPIや単なる数値

目標として取り扱われていたため、従業員個人レベルでは具体的にどのような行動をとればいいかが浸透していないケースが多くみられました。

　また、長期的視点で企業の価値そのものを高めることの重要性を経営者が十分に組織全体に対して説明できていなかったことも、一時的に収益を高めるための施策を進めたり、コスト削減を各部門に求めたりするなどといった数値目標を達成するためだけの行動を引き起こす原因となっていた例も多くみられます。

　では、このような事態に陥らないために、経営者はどのような行動をとるべきなのでしょうか。

　経営者は企業の存在意義をもとに、どのような社会的価値を世の中に提供していくのか、そのメカニズムを明確化し、ストーリーとして発信することで、そこで働く従業員だけでなく、関係するステークホルダーのすべてから共感される必要があります。

　それを実現するためには、経営者は価値創造ストーリーを作り上げ、そのストーリーが共感されるように伝える役割を果たす必要があります。価値創造ストーリーとは、組織がどのように社会や顧客に価値を提供し、その価値を通じてどのような目標をどのように達成するのかを鮮明に伝えるストーリーのことです。

　価値創造ストーリーは、企業理念、パーパスやビジョンと結びついています。企業理念、パーパスは組織の存在意義や社会的な使命を表現し、ビジョンは組織の将来の姿を描きます。価値創造ストーリーでは、この企業理念、パーパスやビジョンを基盤に、なぜその戦略目標が重要であり、なぜそれが社会や顧客、従業員などのステークホルダーにとって価値を提供するのかを語る必要があります。

そもそも企業の設立目的は、財務的価値の追求だけではなく、社会に何らかの価値を提供することが明確であったはずです。

　企業がどのような社会的価値を提供したいのかは、企業のアイデンティティとも言える企業理念、パーパス、ビジョンと繋がっており、それらを起点にどのような社会的価値を創出するためにどのような活動を行うのかをステークホルダーに発信することで、組織の製品やサービスが持つ社会的な価値や利益を明確に伝えることができます。

　経営者は戦略目標を達成するために、組織をリードし方向を示す責任があります。

　しかしそれは短期的な達成目標を数値で掲げることでもなければ、中期経営計画などで目指すべきゴールを財務的な数値やKPIで示すことで

図表3-6：価値創造ストーリーのイメージ

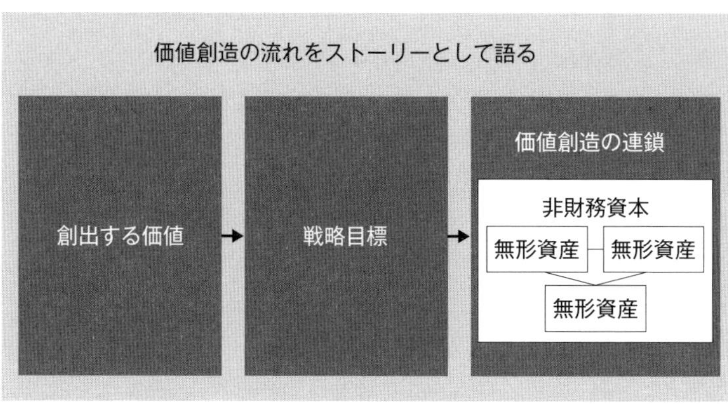

価値創造の流れをストーリーとして語る

創出する価値　→　戦略目標　→　価値創造の連鎖

非財務資本

無形資産　−　無形資産

無形資産

もありません。経営者の使命は持続的な価値の向上を実現するために、ステークホルダーに対してその価値創造ストーリーを共有し、共感を得ることなのです。

　まず、価値創造ストーリーの共感を得ることによって、経営者は組織内の従業員のモチベーションとエンゲージメントを高めることができます。組織が戦略目標を達成し、持続可能な成果を上げるためには、価値創造ストーリーが組織の文化や意思決定の基盤となり、組織全体を鼓舞し、共有の意識を醸成する必要があります。価値創造ストーリーは、組織の変革や成長において重要な役割を果たし、組織の価値観や信念を共有することで、目標達成のための行動を促進します。

　また、価値創造ストーリーの共感は顧客や市場への影響力を高めます。共感を得られたストーリーは、顧客に対して企業の製品やサービスが提供する価値や社会的な意義を伝える効果があります。顧客は企業が持つ使命やビジョンに共感し、自身のニーズに合致すると感じることで、企業との関係を強化し、長期的なパートナーシップを築くことができます。

　さらに、価値創造ストーリーの共感は投資家や資金提供者との関係にも重要な影響を与えます。投資家は企業の長期的な成長と社会的な影響力に興味を持ちます。経営者が共感を得られるストーリーを提供することで、投資家は企業のビジョンや戦略に共鳴し、資金調達や投資の意欲を高めることができます。

　このように、価値創造ストーリーにより戦略を明確かつ魅力的に伝え、ステークホルダーからの共感と理解を生み出すことは、戦略目標を達成して企業価値を高める経営者の使命と言えます。

第 4 章

価値創造ストーリーを可視化して
管理可能にする

第4章のサマリー

1.価値創造ストーリーを研ぎ澄ます

　価値創造の経営管理の出発点となるのが、価値創造ストーリーである。価値創造ストーリーとは、企業のパーパスやビジョン、将来のビジネスチャンスやリスクに対する認識を踏まえて、投資家、従業員等のステークホルダーに対して自社の持続的企業価値向上を説得するためのロジック（ストーリー）を指す。一言で言うなら、企業価値向上に向けたPlanである。経営管理＝Plan-Do-Check-Actionの起点であるので、これをしっかり描き切ることが重要である。

　価値創造ストーリーを描くにあたっては、PwCコンサルティングが開発した「価値創造マップ」というフレームワークが非常に有用である。

2. 価値創造ストーリーを経営管理に組み込む

　測定できないものは改善できないため、「価値創造マップ」の諸施策にKPIを設定しPDCAを回していく必要がある。その際、目標としてのKPIに加えて、ObservationのためのKPIを設定し分析することが重要である。Observationにより変化を機敏に捉え、価値創造ストーリーへの影響を想定することができる。

　また、最初に描いた価値創造ストーリーの妥当性を検証したり、経営環境の変化を察知したりして適時に価値創造ストーリーをアップデートしていくためには、KPI間の相関分析を経営管理に組み込むことも非常に重要である。

3. アジャイルアプローチで科学的価値創造経営管理に
　進化させる

　価値創造経営管理を実現するITソリューションとして、①価値創造経営管理　②先読み型プランニング　③経営ダッシュボード　④レポーティング　の4つのモジュールとそれらのベースとなる経営管理統合DB（Database）が完成形モデルの1つである。

　一足飛びで統合的なソリューションを構築することは難しいため、ステップを刻んで昇っていくことが肝要である。下記のステップでアジャイル的に昇っていくアプローチが望ましい。

【STEP1】価値創造ストーリーの可視化
【STEP2】価値創造ストーリーの検証
【STEP3】科学的価値創造経営管理へ

● 価値創造ストーリーを研ぎ澄ます

　第3章で企業価値の考え方や定義について説明しました。それを受けて、本章では企業価値を向上させるためのマネジメントのあり方、つまり「価値創造に資する経営管理の方法論」について説明します。

　価値創造の経営管理の出発点となるのが、**価値創造ストーリーです。**価値創造ストーリーとは、企業のパーパスやビジョン、将来のビジネスチャンスやリスクに対する認識を踏まえて、投資家、従業員等のステークホルダーに対して自社の持続的企業価値向上を説得するためのロジック（ストーリー）を指します。一言で言うなら、**企業価値向上に向けたPlan**です。

　経営管理＝Plan-Do-Check-Actionの起点ですから、これをしっかり描き切ることが重要であることは言うまでもありません。価値創造ストーリーの重要性は上場企業・非上場企業を問わず認識するところで、既に多くの企業が統合報告書で価値創造ストーリーをステークホルダーに向けて発信しています。

　ところが一方で、多くの企業が現在の価値創造ストーリーに関して課題意識も持っているようです。実際、筆者は、次のような課題を現場でよく耳にします。

・非財務活動と財務成果の関係をロジカルに説明しきれていない
・ESGの要素を入れただけにとどまっている
・社内の経営管理に組み込めておらず依然として短期成果や財務成果の視点が強い
・現場まで浸透しておらず自身の活動がどのように企業価値に繋がるのかピンと来ていない

これらをさらに要約すると、「**価値創造ストーリーが価値連鎖を表し切れていない**」というストーリーそのものの質の課題と「**価値創造ストーリーを自社の経営管理に組み込めていない**」という課題と解釈できます。このような課題を解消するために、そもそも価値創造ストーリーはどのような要件を満たす必要があるのか、について考える必要があります。

　ここまでの本書の内容を踏まえると、主な要件は以下のようなものになると考えられます。

・企業のパーパス、ミッション、ビジョン、マテリアリティを反映していること
・アウトカムとして経済価値だけでなく、環境・社会価値を包含していること
・短期だけでなく中長期に成果を包含していること
・競争優位性、独自性の要素を含んでいること
・企業活動から企業価値向上への連鎖（因果）が明確になっていること
・クリティカルパスが明確になっていること
・誰にでも理解しやすいこと

　このような要件を満たす価値創造ストーリーを描くフレームワークとして、PwCコンサルティングは「**価値創造マップ**」を開発しました（図表4-1）。

　価値創造マップの作成方法と活用方法は次節以降で解説しますが、ここでは価値創造マップの基本思想とも言える2つの特徴について説明します。

特徴①：企業価値を右ではなく左に置いている点

　図表4-1のフレームワークを見て、企業価値が左端にあることに違和

感を抱いた読者も多いのではないでしょうか。

　国際統合報告評議会（IIRC）発行の国際統合フレームワークに掲載されている価値創造プロセス（いわゆるオクトパスモデル）は、左がインプットで右がアウトプット／アウトカム、つまり右に企業価値が置かれています。またほとんどの企業の統合報告書はこれに準拠して右に企業価値を置いています。

　PwCコンサルティングの価値創造マップで企業価値を左端に置いている理由は、**価値創造マップを作成するには「企業価値を起点に考える必要があるから」**です。

　価値創造ストーリーは、①インプット（資本）→②事業活動→③アウトプット／アウトカム（経済価値、社会・環境価値）→④企業価値の順で説明されることが多いと思います。

　このアプローチにおいては、インプット（資本）や事業活動がどのように企業価値につながるかは説明可能です。

　しかし、そのインプット（資本）や事業活動の妥当性や充分性を説明するためには、最終目的である企業価値を起点としてインプット側に展開していくアプローチが必要です。

　つまり、**価値創造マップを作成する際は、企業価値からインプット側に展開し、価値創造ストーリーを語る際はインプット側から企業価値につなげる**という逆のアプローチになります。価値創造マップは、その作成段階の思考の方向を鑑みて企業価値を左端に置いています。

特徴②：ダブルマテリアリティの考え方を採用している点

　マテリアリティとは、企業が優先して取り組む「重要課題」を意味します。

　ダブルマテリアリティとは、環境・社会が企業に与える財務的な影響

図表 4-1：価値創造マップのフレームワーク

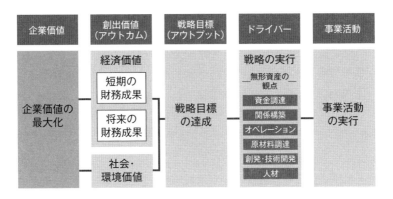

図表 4-2：国際統合報告フレームワークの価値創造プロセス（オクトパスモデル）

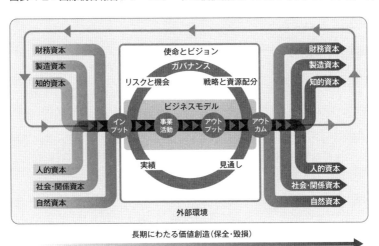

出所：国際統合報告評議会(IIRC)統合報告フレームワーク

（財務的マテリアリティ）と、企業活動が環境・社会に与える影響（環境・社会的マテリアリティ）の両方を重視しようとする考え方です。図表4-4にダブルマテリアリティ概念を示します。

　前章で述べたように、企業は社会的責任を果たすことで、長期的な価値を生み出すことができるという考え方が主流になってきています。また、EUのCSRDの開示要件の根底の概念はダブルマテリアリティ・アプローチであり、EU以外の地域の法制度もその方向にあると考えられます。

　このような潮流を踏まえて、価値創造マップもダブルマテリアリティの考え方を採用し、創出価値（アウトカム）の構成要素として、「経済価値」と「社会・環境価値」を並列概念として置いています。ここで言う並列概念というのは、どちらか一方が他方に従属するものではなく、双方の価値を追求する必要があるという思想を表しています。

● 価値創造マップの作成ステップ

　ここからは、価値創造マップの作成ステップの概要を説明します。前項で「価値創造ストーリーを自社の経営管理に組み込めていない」という課題を挙げましたが、経営管理に組み込んでPDCAを回すためには達成度を測る指標が必要ですので、価値創造マップに対してKPIを設定する必要があります。

　また、価値創造マップは将来のある時点（例えば10年後）の企業価値を実現するためのマップですので長期スパンで描かれます。その将来時点に至るまでの時点時点で何をすべきかを表すものとして、価値創造ロー

図表 4-3：価値創造マップの思考アプローチ

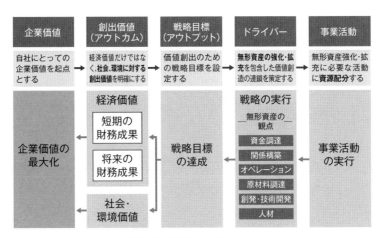

企業価値	創出価値 （アウトカム）	戦略目標 （アウトプット）	ドライバー	事業活動
自社にとっての企業価値を起点とする	経済価値だけではなく、**社会、環境に対する創出価値**を明確にする	価値創出のための戦略目標を設定する	**無形資産の強化・拡充**を包含した価値創造の連鎖を策定する	無形資産強化・拡充に必要な活動に**資源配分**する

→ 企業価値の構造化のアプローチ
← 価値創造ストーリーのアプローチ

図表 4-4：ダブルマテリアリティの概念

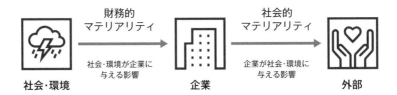

ドマップを作成することが必要と考えています。図表4-5に各ステップの概要を示しました。

次項以降では、各STEPの作成手順やポイントについて説明していきます。

●【STEP1】価値創造マップに価値創造の連鎖を描き切る

価値創造マップの作成方法について説明します。

まず、できあがりの状態をイメージしていただくために図表4-6の製造設備メーカーを想定したサンプルを見てください。

前述のフレームワークに則り、左端の企業価値を頂点としたツリー構造になっているのが分かると思います。

作成方法の説明に入る前に、各レイヤーが何を表しているかについて見ていきましょう。

・創出価値（アウトカム）

経済価値は、言うまでもなく売上・利益、あるいはROIC、ROEなどの財務成果ですが、中長期の成長を組み込む必要があります。財務資本が非財務資本を増強し、非財務資本が財務資本を増強する、という相互関係にあるため、財務・非財務との関係が整理されている必要があります。例えば、非財務資本を増強すべき時期には、一時的に財務資本が費消される計画になっているはずです。

次に、社会・環境価値は、企業のパーパス、ビジョン、あるいはマテリアリティを反映したものになるはずです。自動車メーカーの「事故がないクルマ社会の実現」、ヘルスケア機器メーカーの「健康寿命の延伸」、

図表 4-5：価値創造マップの作成ステップ

STEP1 価値創造マップの作成	STEP2 KPIの設定	STEP3 ロードマップの明確化
目的 企業価値向上に向けた価値創造ストーリーを可視化する	PDCA目的のKPIとObservation目的のKPIを設定する	価値創造マップを時間軸に分解し投資のタイミング・配分を検討する
手順 ①当該企業における創出価値（経済価値、社会・環境価値）を明確にする ②価値を創出するための戦略目標を設定する ③戦略目標達成のためのドライバー（重要施策）の連鎖を作成する	①【PDCA目的のKPI設定】価値創造マップ上の戦略目標、ドライバー等の各要素の達成度を測定するためのKPIを設定する ②【Observation目的のKPI設定】変化を察知するためにモニタリングKPIを設定する	①企業価値向上に向けた会社全体のマイルストーンを設定する ②①を羅針盤として、価値創造マップ上の各ドライバーを期間ごとの主要施策に分解する

図表 4-6：価値創造マップサンプル

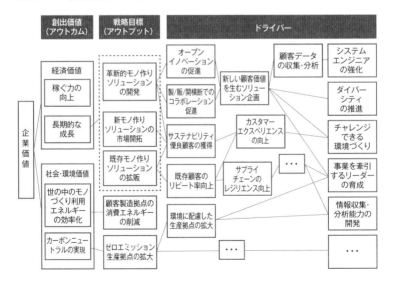

医薬品事業の「感染症脅威からの解放」など、世の中の環境・社会課題の中でどのような課題の解決に貢献するのかが反映されていなければなりません。

・戦略目標（アウトプット）

　経済・社会・環境価値を創出するために達成すべき目標です。例えば、「アジア市場でトップシェア獲得」「サステナブル製品比率100%」「GHG排出量30%削減」など、価値を創出するための具体的な達成目標が表されます。オポチュニティを創出・獲得する視点とリスクを最小化する視点の双方で設定することが重要です。

・ドライバー：戦略目標を達成するための重要施策が表されます。さまざまな戦略分析を通して組み立てられたいくつもの重要施策が、因果関係を加味して多層的に表現されます。当然のことながら、当該ドライバーの実行責任主体が明確になっている必要があります。

・事業活動：ドライバーと紐づく具体的な活動を表します。実行責任主体を明確に表すのはドライバーと同様ですが、現場レベルの組織階層まで落とし込んでいる必要があります。

　念のために申し上げておくと、上記の定義はテンプレートのようなものであり、実務上は各企業の事情を踏まえてカスタマイズすることになります。

　価値創造マップの作成方法としては、各レイヤーの定義に基づき企業価値から展開していきます。「これを達成するためにはこれをやることが必要」という具合に上位から下位に展開していきます。

先ほどの製造設備メーカーのサンプルから一部を抜粋した図表4-7を使って、価値創造マップの作成例を見てみましょう。

創出価値の「長期的な成長」から「革新的モノ作りソリューションの開発」という戦略目標が設定されています。

「革新的なソリューション」を作るとなると、社内外のコラボレーションが重要成功要因（KSF：Key Success Factor）となるため、「製販／開横断でのコラボレーション促進」と「オープンイノベーションの促進」というドライバーに展開されています。

さらに、「社内外コラボ」といっても漠然と定例会議を開いているだけでは何も生まれないため、コラボに持ち込む前段のコンセプト企画が必要になります。社内外コラボのKSFとして「新しい顧客価値を生むソリューション企画」に展開されています。

さらに、企画を生み出すには、顧客の製造現場での製品別製造設備別の製造数量、仕損の発生場所／原因／数量エネルギー消費量、といった顧客の製造現場のデータを分析することがKSFと考えられるため、「顧

図表4-7：価値創造マップサンプル（一部抜粋）

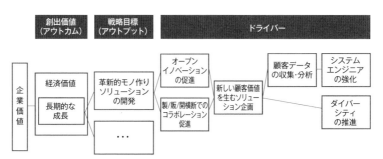

客データの収集・分析」というドライバーに展開され、これを行うためにはデータ分析のスキルを持った人材が必要となるため、「システムエンジニアの強化」という人材力強化のドライバーに展開されています。以降、事業活動への展開は割愛しますが、同様の考え方で展開していきます。

　以上が価値創造マップの作成方法ですが、併せて作成する際のポイントをいくつか紹介します。

・ポイント①「ターゲットとする時点を定める」

　繰り返し述べている通り、企業価値の向上は中長期的な取り組みです。何年後の企業価値を想定して価値創造マップを描くのかについても、最初に決めるべきポイントです。

　年次予算のように1年ではないはずですし、中期経営計画等の期間に縛られる必要もありません。近年の主要企業の統合報告書を見ると、5〜10年スパンで価値創造ストーリーを示しているケースが多いようです。短期視点に陥らず、かつあまりにも長期すぎて現実感が薄れることがないようにしなければなりません。

　不確実性が高い時代になっているのは事実ですが、ターゲット時点の世の中の有り様をある程度リアリティを持って語れる必要があります。

　例えば、AIがどの程度実用化されているか、エネルギー事情や人々の嗜好はどうなっているかなどについて、当たる・当たらないはともかく、確からしい仮説を立てて組み立てられていることが、価値創造ストーリーを語る上では重要です。

ポイント②「ドライバーはKSFで考える」

　戦略目標からドライバーの多層構造に展開する際は、先の製造設備メーカーの例でも示したように、KSFで考えることが重要です。KSFを考え

ずにブレークダウンすると、単なる"作業"の羅列になる恐れがあるため注意が必要です。

　例えば、先の製造設備メーカーの価値創造マップサンプルに「顧客データの収集・分析」がありますが、図表4-8の下の例では"作業"レベルにブレークダウンされており、KSFを考慮したドライバーにはなっていません。

　もちろん最終的には事業活動のレイヤーで"作業"レベルに落とし込む必要はありますが、価値創造ストーリーを語る上ではドライバーのレイヤーに"作業"レベルのものを混在させないことが重要です。

図表 4-8：ドライバーの展開におけるポイント

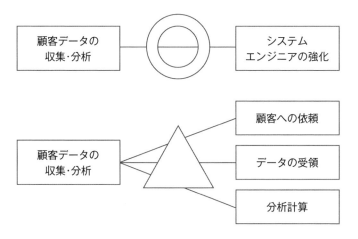

ポイント③「無形資産を"作る"・"使う"ドライバーを考える」

　繰り返しになりますが、中長期の企業価値向上のためには無形資産を強化・拡充していくことが欠かせません。したがって、多層構造のドライバーの中には無形資産を"作る"ドライバーが含まれて然るべきです。

　ただ、無形資産という抽象度の高い表現ではどのような施策が該当するのかイメージし難いため、PwC コンサルティングは国際統合フレームワークで定義されている6つの資本に対応する形で、6つの無形資産分類を定義しています（図表4-9）。

　ドライバー設定時にこれらの観点で考えることにより、多面的に無形資産に関するドライバーを洗い出すことが可能となります。

　一方で、無形資産を蓄積するだけでは価値を創出できませんから、価値創造マップには無形資産を"使う"ドライバーも必ず登場するはずです。

　図表4-10に製造設備メーカーの価値創造マップサンプルのドライバーに無形資産分類をプロットしてみました。"作る"、"使う"の区別までは表していませんが、どのドライバーもいずれかの無形資産分類に分類されています。つまり、**無形資産が必要不可欠である**ことを表しています。

　また、当然と言えば当然のことですが、おおよそ、"使う"系のドライバーが多層構造の上位層に、"作る"系のドライバーが下位層に表れているのが分かります。

　どのような無形資産を必要とするかは企業により異なりますが、このように6つの分類の観点を念頭に置きながら、無形資産を"使う"ドライバーだけでなく、無形資産を"作る"ドライバーを組み込むことが重要です。

図表 4-9：無形資産の分類

6つの資本	無形資産		定義
財務資本	資金調達力		サステナビリティ活動全体の評価を通じて、PL及び資本コストを最適化しながら、他の資本を維持・増強させるために必要十分な資金を確保する力。
社会・関係資本	関係構築力	ブランド価値向上力	消費者による自社・商品へのブランドイメージについて、高い評価を獲得する力、また拡張性と持続性を持たせる力
		市場ニーズへの対応・形成力	自社の商品・サービスについて市場ニーズへ対応する力、また自ら将来ニーズを形成・拡張する力
		規制・要請への対応・形成力	規制要請を先読みし、先回り対応をする力、また自らステークホルダーを巻き込んでルールを形成する力
製造資本	オペレーション力		操業に関わる有形固定資産の運用高度化・効率化力に加え、操業を脅かすリスクの回避、発生時の有形固定資産へのインパクト低減策を取りながら操業を続ける力
自然資本	原材料調達力		将来にわたって調達の安定性および成長可能性を高めるため、サプライヤーを巻き込みながら企業を取り巻く外部環境の変化に対応し、基盤となる資源生産環境を創造する力
知的資本	創発・技術開発力		形式知を高め続ける研究力と、生み出された形式知を構築されたビジネスモデルに落とし込み、商品サービスといった価値に変える開発力
人的資本	人材力		能力の向上、ワークエンゲージメントの向上、健康促進と安全確保により個人力を最大化し、その総和以上のものを分業と協業によるシナジー効果の創出・最大化により発揮させる力

図表 4-10：価値創造マップサンプル（無形資産分類をプロット）

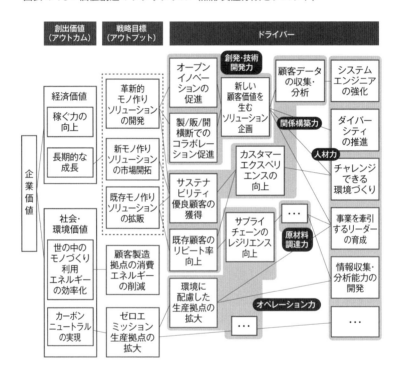

ポイント④「網羅性にこだわりすぎない」

　価値創造マップを作成する際に陥りがちな罠として、網羅性にこだわりすぎて価値創造ストーリーの骨子が見え難くなるという点があります。"作業"レベルの施策は基本的にはドライバーに設定しないようにするのはポイント②で述べた通りですが、KSFを加味した重要施策であっても、あれもこれもと粒度が細かいものまで混在させてしまいがちです。

　作成対象の価値創造マップが、全社版なのか、事業部版なのか、あるいは部門版なのか、組織階層によって重要施策の粒度は異なると思います。全社版の価値創造マップに部門レベルのドライバーが混入するといったことが発生しないように留意する必要があります。

　また、網羅性とは若干異なる観点にはなりますが、"ストーリー"がなければ、価値創造ストーリーではありませんから、クリティカルパスを浮き彫りにすることが非常に必要です。企業価値につながるパスを抽出し、価値創造マップに表現することが必要です（図表4-11）。

ポイント⑤「ブレークスルードライバーの必要性を考える」

　当然ながら、経営資源には限りがあります。価値創造ストーリーが、ストーリーとしては筋が通っていたとしても、実現できなければ意味がありません。価値創造ストーリーは未来に向けたストーリーですので、そこには経験則や仮説を含みますし、経営環境がどう変わるか読み切れる訳ではないため不確実性が伴います。

　そういった前提はあるものの、明らかに実現できないものは排除する必要があります。したがって、いったん描いた価値創造ストーリーの実現性を検証する必要があります。

　図表4-12の例で説明しましょう。

　「新市場での他社の追随を許さない地位の獲得」に対して、「顧客密着」「開発・市場投入のサイクル短縮」というドライバーが展開されています。

図表 4-11：価値創造マップサンプル（クリティカルパスを表現）

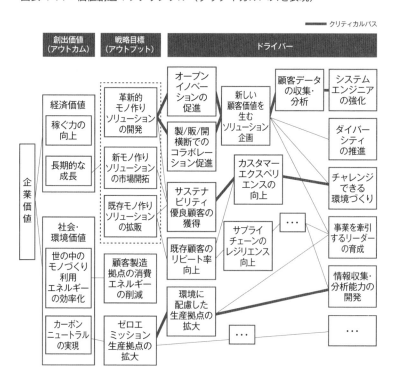

「顧客密着」は、顧客と深い関係を築くことにより、より本質的な顧客課題・ニーズを発見することができるというKSFの考え方で設定されたドライバーです。

　また、「開発・市場投入のサイクル短縮」は、「顧客密着」で発見した課題・ニーズをいち早く開発し市場投入することにより、当該市場での地位を確立するというKSFの考え方で設定されたドライバーです。

　これら2つのドライバーをやればやるほど「新市場を創造し、そこでの他社の追随を許さない地位を獲得する」実現性は高まります。しかし、一定の成果を上げるため経営資源（この場合人的リソース）が不充分であると判断せざるを得ないのであれば、別の施策を打たなくてはなりません。

図表4-12：ブレークスルードライバー

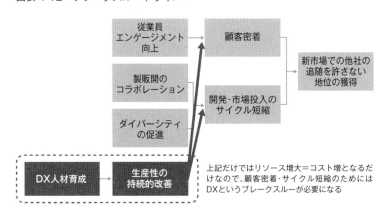

それがブレークスルードライバーで、この例では「生産性の持続的改善」と、それを実行するための「DX人材育成」がそれに当たります。

いったん描いた価値創造マップを眺めて、経営資源の制約を超過する部分がないかを点検し、必要に応じてブレークスルードライバーを挿し込むことが肝要です。

●【STEP2】KPIは、Observationの観点でも考える

前項までで図表4-11の価値創造マップサンプルで示した価値創造マップまでが作成できたかと思いますので、ここでは、価値創造に資するKPI（定量指標）マネジメントのポイントについて説明します。

今やどの企業でも当たり前のように行っていることですが、PDCAプロセスのCheck、すなわちモニタリング局面では価値創造マップで設定したドライバー等が狙いどおり達成されているかをKPIによって測定する必要があります。

基本的には、価値創造マップの各レイヤーに設定した構成要素1つに対し、KPIを1つ設定することになります。もし複数のKPIが想定されるのであれば、ドライバーを分けたほうがよいのかもしれませんので、ドライバーに立ち戻って検討する必要があります。

KPIは、下記の条件を満たす必要があります。

・KPIを改善する責任者が特定できること

責任者が不明確であれば改善することはできませんので必ず各KPIに責任者を割り当てます。

・KPIの定義が明瞭であること

KPIの意味を言語化するとともに計算式も定義する必要があります。KPIがうまく定義できない場合はドライバーの設定に遡って考える必要があります。

・KPIの実績値が測定可能であること

当然のことながら、測定できないものは改善できませんので測定可能でなければなりません。価値創造マップ作成の段階でシステム要件に踏み込む必要はありませんが、どこから実績値を取得するのかについてある程度想定しておく必要があります。

価値創造マップのサンプルにKPIを設定したものを図表4-13に掲載します。

KPIだけを抜き出してツリー表現したものをKPIツリーと呼んでいます。図表4-14はKPIツリーのイメージです。目標の達成状況を一目で確認することが出来るため、後述の経営管理で使用するダッシュボードにはKPIツリーを表示したりします。

ここまででPDCAの観点でのKPIについて説明しましたが、筆者としては価値創造実現に向けてはこれだけでは不十分と考えています。その不足部分を補うのが「モニタリングKPI」です。

モニタリングKPIとは、価値創造マップ上にプロットしたKPI以外で、価値創造ストーリーにインパクトを与えるKPIのことです。モニタリング指標を設定する際は、企業内部の指標だけでなく外部の指標にも目を向けることが非常に重要です。

図表4-14のKPIツリーサンプルに「新ソリューション企画数」というKPIがあります。この企画数は審議を通過した件数を表していますが、

これに加えて「審議に持ち込まれた件数」「審議を通過した比率」などを
モニタリングすることにより、より的確に打ち手を検討することが可能
になります。

　また、同じKPIツリーサンプルに「ダイバーシティ指標」があります。

図表4-13：価値創造マップサンプル（KPI設定）

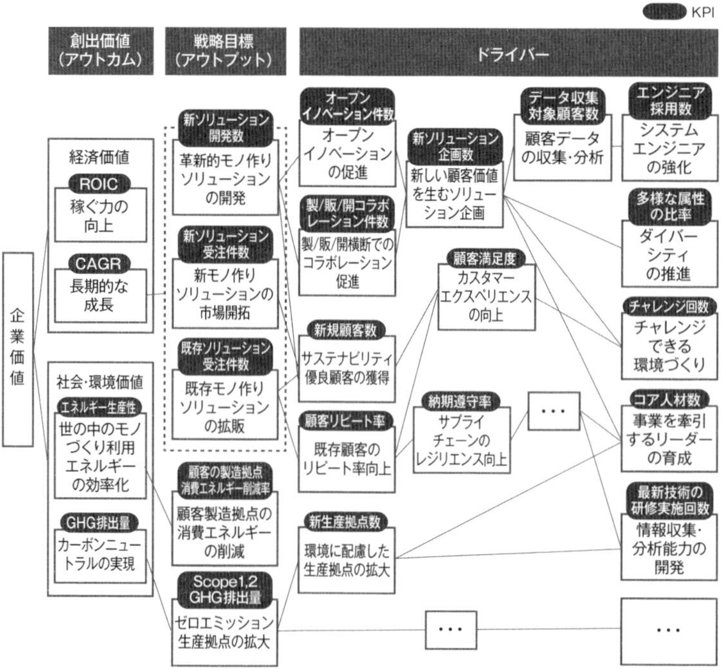

図表 4-14：KPI ツリーサンプル

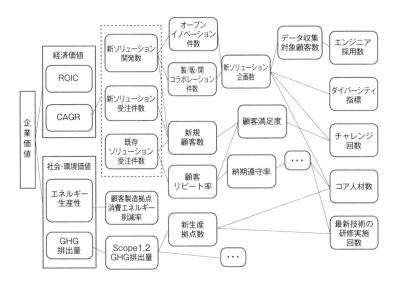

「女性比率」はその代表的なものですが、ダイバーシティを表す指標はこれだけではないはずです。年齢構成、国籍構成、卒業した学部の構成など、さまざまな指標を捕捉し、後述する相関分析を行うことにより、その企業にとってどのようなダイバーシティが価値創造に貢献するのか、データに基づいて妥当な仮説を立てることができます。これらは内部のモニタリング指標の例です。

　また、例えば自社のAIの活用度合いを把握するためには、他社（欧米企業を含む）との比較になりますから、外部の指標を見ておくことが重要になります。世間の潮流やベストプラクティスと比較して、それが自社の価値創造にどのような影響を与えるのかと分析を適時に行うことで、価値創造ストーリーをアップデートするきっかけになり得るはずです。この例の「AIの活用度合い」は外部のモニタリング指標です。

　つまり、PDCA観点でのKPIが追いかける目標であるのに対して、モニタリングKPIはいわば**Observation**のための**KPI**です。

　モニタリングKPIを捕捉し、分析することにより、変化を機敏に捉え、その時々の状況に合わせて価値創造ストーリーを見直していくことができるのです。PDCAのPlanでいったん立てた計画（PDCA観点でのKPI）を追いかけることは重要なことですが、それを達成しながらも結果的にマーケットでのプレゼンスを落とすような事態を避けるためにも、Observationの観点でモニタリングKPIを設定し、補足・分析することが非常に重要であると考えています。

●【STEP3】適切なキャッシュアロケーションを導く

　前節までで価値創造マップの各要素にKPIが設定され、かつモニタリ

ングKPIも設定されました。

　ただ、この段階では5年後、10年後といった将来の企業価値向上に至るまでの間の時点時点で何を行うべきかについては表出されていません。そこで、価値創造マップに時間軸を入れるという作業、すなわちロードマップを作成することが必要になります。図表4-15価値創造ロードマップのサンプルを見てください。

　このように価値創造ロードマップは各々のドライバーを期間ごとの主要施策にブレークダウンしたものです。このサンプルでは2030年をターゲットとしており、ドライバーの一番上に「ダイバーシティの推進（価値観の多様化）」が書かれています。2030年時点でどのようなダイバーシティが達成されていなければならないか、について前項のKPI設定時に定義しているはずですので、そこからバックキャストで、期間ごとに何をやらなければならないかを検討します。

　この例では年度単位の主要施策に落とし込んでいますが、例えば「直近3年間は年度単位で、それ以降は粗くする」など、期間粒度の考え方はいろいろあると思います。

　また、説明の順序が逆になりますが、図表4-15の一番上の行にあるように、本来は2030年時点の企業価値向上に向けた会社全体のマイルストーンが置かれ、これを羅針盤としてKSFごとの主要施策を検討するのがあるべきアプローチと考えています。

　このように価値創造ロードマップを作成すると、時点時点で何を行う必要があるか、すなわち**時点時点の投資の対象と、優先順位が明確になる**はずです。
　言い換えると、**将来の企業価値向上に向けたキャッシュアロケーショ**

図表 4-15：価値創造ロードマップのサンプル

KSF	2024	2025	2026	2027	2028	2029	2030
企業価値向上ロードマップ	ソリューション事業の育成			ソリューション事業の定着			モノづくり高度化のリーディングカンパニー
ダイバーシティの推進（価値観の多様化）	ルール・制度の整備	経営層・管理職の多国籍化		他業種人材の採用の強化			
		クロスボーダーローテーションの強化		グローバル経営幹部の現地化			
チャレンジできる環境づくり	チャレンジ表彰制度の導入	新規事業公募制度の導入	公募制度からの成功事例の創出				
	評価制度の見直し						
新しい顧客価値を生むソリューション企画	顧客ニーズの収集・分析	新ソリューション仮説検証	新ソリューション事業企画立案				
オープンイノベーションの促進		オープンイノベーションテーマの選定	パートナーとの関係構築	パートナーとの協業によるソリューション開発			
製/販/開横断でのコラボレーション促進		製/販/開管理職のコミュニケーション促進		製/販/開横断でのソリューション開発			
		情報管理の見直し					
...							

ンの検討を適切に行うことができるはずです。もちろんこれを行うためには、価値創造マップでドライバーの重要性が定義できていることが前提になります。

● 価値創造ストーリーを経営管理に組み込む

　前項までで価値創造マップと価値創造ロードマップができあがりました。本節ではこれらを企業の経営管理においてどう活用するかについて説明します。

　PDCAプロセスに沿って活用イメージを説明します。図表4-16を見ながら読み進めてください。

　Planの局面では、前節までで述べた通り、将来の企業価値向上の実現に向けた価値創造マップを、コーポレートと事業部・部門で連携しながら作成します。

　中長期スパンで誰がいつ何をやるべきか、達成度をどのような指標で測定し、その指標の責任者は誰で、どのように算出するか、とともに指標の目標値を明確にします。さらに、価値創造ロードマップを作成し、最適なキャッシュアロケーションを議論します。

　Doの局面ではさまざまなオペレーションや施策の実行を経て、実績データが生み出されます。

　Check/Actionの局面では、経営ダッシュボードやレポートで各KPIの目標値に対する達成度合いを確認し、取るべきActionを検討します。経営ダッシュボードのイメージは図表4-17の通りです。

図表 4-16：価値創造マップの活用イメージ

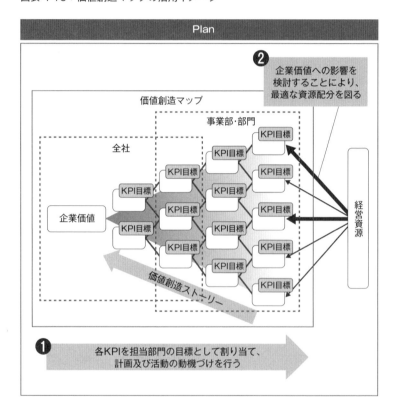

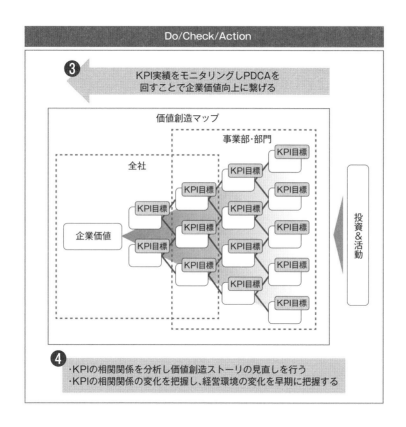

図表4-17：経営ダッシュボードイメージ

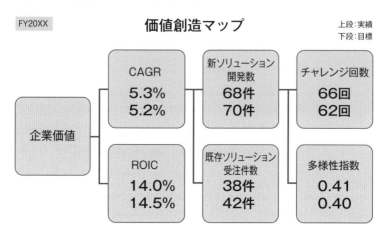

FY20XX　　　　　　　　　**価値創造マップ**　　　　　　上段：実績
下段：目標

項目	CAGR	新ソリューション開発数	チャレンジ回数
	5.3%	68件	66回
	5.2%	70件	62回

企業価値

項目	ROIC	既存ソリューション受注件数	多様性指数
	14.0%	38件	0.41
	14.5%	42件	0.40

KPI一覧

KPI	目標値	実績値	差異 ▲	差異（%）
GHG排出量	12,000,000.00	11,500,000.00	−500000	4.17%
既存ソリューション受注件数	42.00	38.00	−4	−9.52%
新ソリューション受注件数	70.00	68.00	−2	−2.86%
顧客満足度	8.00	7.40	−1	−7.50%
ROIC	14.50	14.00	−1	−3.45%
多様性指数	0.40	0.41	0	2.50%
CAGR	5.20	5.30	0	1.92%
新ソリューション開発数	60.00	63.00	3	5.00%
チャレンジ回数	62.00	66.00	4	6.45%

Actionを検討する際の分析は、目標値に対する達成度を見て、その未達がどこで発生しているかを細かく見ていく、といった分析は当然必要なことではありますが、筆者はそれだけでは十分ではないと考えています。

　なぜなら、価値創造マップ上に表した価値創造ストーリーには、無形資産に関する施策が多く含まれ、したがってKPIツリーには非財務指標が多く含まれるからです。財務指標であれば原価を下げれば利益が上がるという疑いの余地のない関係性が主になりますが、非財務指標の場合はそうはいきません。

　例えば、図表4-14のKPIツリーに「ダイバーシティ指標（下位）」－「新ソリューション企画数（上位）」という非財務KPIの関係があります。これは、従業員の属性（国籍、性別など）の多様性が価値観の多様性につながり、その結果としてさまざまなアイデアが創出されるという経験則あるいは仮説によって作られたストーリーです。

　このように非財務の施策の多くは、経験則や仮説によって設定せざるを得ないと想定されます。したがって、下記のような疑問を解く手がかりになるような相関分析が必要です。

・その施策は正しいか？
・その指標の目標値は適切か？

　先の例で、ダイバーシティを測定する指標として「女性比率」を設定したとします。もともと男性比率が非常に高い状況において女性比率を上げると価値観の多様性にはつながると想定されます。

　しかし、それが新ソリューション企画数の向上につながらなければ意味がありません。

　図表4-18の例を見てください。この例に登場する「新ソリューション

企画数」「多様性指数（女性比率）」「チャレンジ回数」「最新技術研修の受講者数」はいずれも実績値が目標値を上回っており、何ら問題ないように見えます。ところが、KPI実績間の相関係数を見ると「多様性指数（女性比率）」と「新ソリューション企画数」の相関が弱いことが分かります。この分析を見ると以下のような疑問が湧き起こるのではないでしょうか。

・女性比率を上げるだけでは価値観の多様性に繋がらないのでは？ 女性比率だけではなく、国籍、学歴などの多様性も必要なのではないか？
・あるいは30%という目標値が低すぎるのではないか？ 女性比率をもっと高めないと新ソリューション企画数には影響しないのでは？
・そもそも多様性を高めても新ソリューション企画数に影響しないのでは？

　当然ながら、相関分析の信ぴょう性を確保するためには、KPI実績をある程度の期間にわたって蓄積する必要がありますが、こういった分析を基に新たな仮説を立てて、施策を見直す、KPI目標値を見直すといったアクションにつなげることができます。

　また、時点時点の相関関係をモニタリングすることに加えて、相関関係の変化を見ることも重要です。
　ある一定期間強い相関を持っていた2つのKPIの相関関係が低下傾向にある場合、何らか経営環境の変化が起こっている可能性もあります。例えば、図表4-19のように「新ソリューション企画数」と「最新技術の研修受講回数」というKPIの間に見られた強い相関関係が減少していった場合は、「当該技術が時代のニーズから遅れているのでは？」ということを疑わなければなりません。
　また、もう1つの分析として、ある程度の受講回数に達するとそれ以

上研修に投資しても効果が薄くなるという限界効用の逓減を示していると捉えることもできます。その場合は、研修に過剰な投資を行っていると考えられるため、キャッシュアロケーションの見直しを検討する必要があります。

　最初に描いた価値創造ストーリーが必ず正しいとも限りませんし、また経営環境は絶えず変化します。価値創造ストーリーを定期的に検証し、アップデートしていかなければ陳腐化してしまいます。そのような観点から、以上で述べたような相関分析をPDCAプロセスに組み込むことが非常に重要であると考えています。

図4-18：相関分析のイメージ

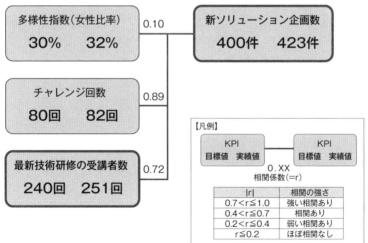

図 4-19：時系列相関分析のイメージ

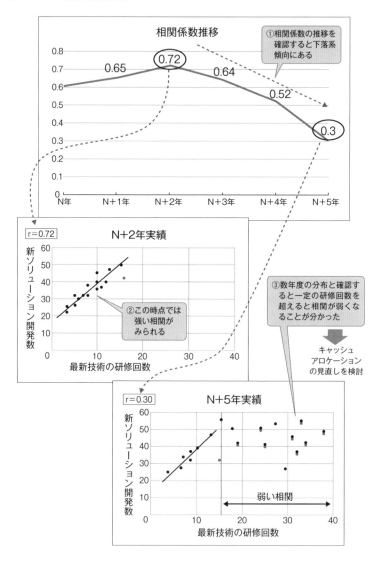

●統合ソリューションによる統合マネジメント

　本項では、ここまでで述べた経営管理を実現するにはどのようなITソリューションが必要になるかについて説明します。

　なお、本書では特定のツールを使うことを前提とはせず、汎用的なITソリューションとして説明します。

　図表4-20の経営管理統合ソリューションを見てください。経営管理統合DB（Database）を中心として、①価値創造経営管理　②先読み型プランニング　③経営ダッシュボード　④レポーティング　の4つのモジュールで構成されています。

　当然ながら経営管理統合DBには経営管理データを蓄積します。経営管理データの定義は目的や利用者によって異なりますが、少なくとも本書で説明している価値創造マップに関するデータだけではありません。従来型の予算管理は、価値創造経営を促進しても継続されるでしょうし、管理当局やステークホルダーへの報告・開示用のレポートも当然作成し続ける必要があります。

　これらの業務で扱うデータは共通する部分が多く、バラバラに仕組みを作っていたのでは非効率極まりません。

　そこで、経営管理上扱う財務／非財務データを一元的に経営管理統合DBに蓄積し、それぞれの用途で利用する、という統合ソリューションを構築することが重要になります。

①価値創造経営管理
　本章で述べた価値創造マップによる経営管理を担います。計画局面で価値創造マップを作成し、モニタリング局面では、経営管理DBに蓄積されたKPI実績データを使って、価値創造分析をこのモジュール上で行

図表 4-20：価値創造経営管理ソリューションの ToBe イメージ

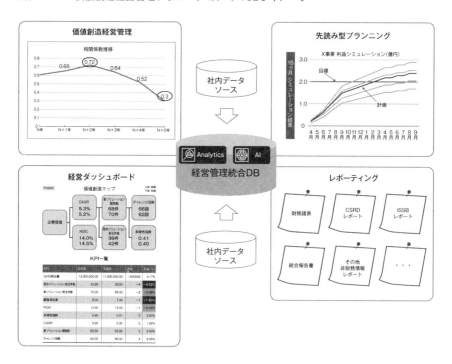

います。当モジュールは次のような機能を備えている必要があります。

- コーポレート用のマップ、事業部用のマップなど、複数の価値創造マップを管理できること
- 価値創造マップを階層構造で登録・表示できること（ツリー表現できることが望ましい）
- 各ノードに対してKPI、目標値、モニタリングサイクル、責任者などを登録・表示できること
- KPI実績データを蓄積し目標値に対する達成度を把握することができること
- KPI実績データ間の相関分析計算ができること
- 可能であれば任意のKPIについて、それと相関の強いKPIを探索できること

②先読み型プランニング

　今後も予算管理が必要であることは間違いありませんが、価値創造経営の文脈においては、過去実績データに基づく予実対比から将来志向に変えていく必要があると考えています。

　近年ではAIの発展により高い精度で需要予測することが可能になっています。予算編成は過去実績の引き伸ばしや部門予算の積上げではなく、予算原単位のAI予測とそれによる財務シミュレーションを活用して短期間で完了させ、期中もほぼリアルタイムで状況変化を捉えて高精度の予測・シミュレーションに基づきアクションを起こすといった、将来志向のマネジメントに変えていかなければなりません。筆者はこのような将来志向のマネジメントを実現するソリューションを「先読み型プランニング」と呼んでいます。

③経営ダッシュボード

①価値創造経営管理と②先読み型プランニングのデータを、利用者の目的に応じて、グラフィカルな画面を通して見せるモジュールです。イメージは前掲の図表4-17に示した通りで、ソリューションとしてはBI（Business Intelligence）ツールが担う領域です。

④レポーティング

サステナビリティ情報開示に関する枠組みの議論が急速に進む中、2023年1月に、EUで企業のサステナビリティ情報開示の新たな指令となるCSRDが発効されました。CSRDの対象企業は、報告要件を定めるESRSに従ったサステナビリティ情報となります。また、IFRS報告企業も、ISSBが定める基準によるサステナビリティ情報開示が求められる見込みです（2023年6月時点）。

また、今や多くの日本企業が上場・非上場を問わず、統合報告書を作成・開示しています。

従来からの財務情報に加えて、このような非財務情報の開示が法的にも、時代の要請からも避けて通れない状況になっています。このような開示情報は、①価値創造経営管理や②先読み型プランニングと共通する部分が多いと考えられるため、経営管理統合DBで一元管理したほうが効率的です。

以上のように、経営管理統合DBには財務／非財務データを、それらのデータソースからインタフェースして蓄積していく必要があります。社内のERP等の基幹システムはもちろんのこと、ERP外のシステムや、外部データソースからもデータ収集する必要があると想定されますので、そういった要件に耐えうるソリューションを選定する必要があります。

●アジャイルアプローチによる科学的経営管理を目指す

　前項で統合ソリューションについて説明しましたが、一足飛びでこのようなソリューションを構築するのは難しいと思われますので、ステップを刻んで昇っていくことが肝要です。

　企業固有の状況を踏まえてプランニングする必要がありますが、大きくは下記のようなステップを念頭に置きつつ、アジャイル的に確実に昇っていくアプローチが良いと考えています。

【STEP1】価値創造ストーリーの可視化

　価値創造マップにより企業価値の構造を可視化し、価値創造ストーリーを明らかにします。ただし、この段階では経験則や仮説といった暗黙知によるものが含まれざるを得ません。例えば、人材の多様性が企業価値向上に寄与するのかについて、ストーリーとしての納得感はあっても確証はなかったりします。

【STEP2】価値創造ストーリーの検証

　蓄積されたKPI実績データの相関関係を分析することにより、ファクトに基づいて価値創造ストーリーをチェック＆アップデートします。暗黙知が形式知になるステップです（相関分析のイメージは前述の通り）。

【STEP3】科学的価値創造経営管理へ

　相関関係をマイニングすることにより、より広範なデータから相関関係を見つけ出します。分析の自動化を目指し、レポーティング自動化と合せて飛躍的に効率化を促進することで、本来人が考えるべきこと（人しかできないこと）へのシフトを促します。

図表 4-21：科学的経営管理の実現アプローチ

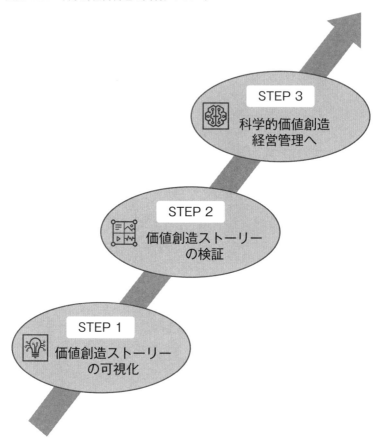

STEP 3
科学的価値創造
経営管理へ

STEP 2
価値創造ストーリー
の検証

STEP 1
価値創造ストーリー
の可視化

第5章
短期的業績管理は
最大限自動化する

第5章のサマリー

1.意思決定の考え方を変える

　将来の企業業績を考える「先読み」を行う際には、「過去の延長に未来がある」ではなく、「学習すべきは将来にある」という考え方に変革していくべきである。

2. 人間が担うべき業務を変える

　「計画シミュレーション」と「AI予測」によるテクノロジーを駆使することで、過去の分析はAIに任せ、人間はより付加価値の高い業務にシフトすべきである。

3. 実現する進め方を工夫する

　上記実現にあたっては、あるべき将来像を描き、最新テクノロジーの活用方法を見定め、段階的に実行および意識改革に取り組むべきである。

● 短期的業績管理は最大限自動化する

　経営者が価値創造経営に時間を使うためには、予算管理やフォーキャストなどの従来型の短期的業績管理については、最新のテクノロジーを有効活用してできるだけ自動化することが望ましいと考えます。

　本章では、**「先読み」**というキーワードを用いて、**経営管理とAI**（Artificial Intelligence：人工知能）について取り扱います。企業経営の「時間軸」を短期から長期に移行するために必要な「先読み」とは何か、そして、それを実現するために実践すべきことについてまとめています。

　最初に、経営管理とAIの深い話に入る前に、当章では「先読み」という言葉を**「将来の業績を考える」**という意味で用いると定義します。

　企業経営とは継続して未来を創る活動であるため、企業の業績を管理する役割におられる経営者は「フォーキャスト情報」つまり「自社の業績が将来どのようになるのか？」を常に考えています。これは経営を管理する上で「先読み」のニーズが常にあるということであり、企業活動の中核を担う読者の皆様にとっては非常に重要、かつ頭を悩ませる事項であるはずです。したがって、本章の内容が、経営者の方々のみならず経営者を日々サポートされている方々の力添えになるよう、筆者が提言したい内容を、これまでクライアントを支援してきたノウハウとともにお届けします。

● これからの経営に必要な「先読み型プランニング」

　「先の読めない時代」という言葉や文章をよく見聞きされると思います。企業経営に関する情報を伝達あるいは論じるニュースや書籍では「不確

実要素が多い環境であるがゆえに経営の舵取りが難しい」という文脈として伝えられますが、こういった状況はいつから始まったものなのでしょうか。

図表5-1を見てください。これはPwCが2017年、つまり「一昔前」にグローバル企業に対して実施した調査内容を含んでいます。この中で「45％：フォーキャスト情報の信頼性が高いと考えるCFO」とある部分に着目すると、一昔前でも、経営者が自社における将来の見立てを信頼できない、つまり「先読み」がうまくできていないと感じていたことが数字に表れています。

図表 5-1：先行き不透明な経営環境

2017年時点の調査	昨今の経営環境	
フォーキャスト情報が 重要だと考えるCFO **80%** **45%** フォーキャスト情報の 信頼性が高いと考えるCFO	急激な 為替変動	✓輸出産業の好調 ✓輸入産業への打撃
	急激な 価格変動	✓輸入原材料価格高騰 ✓原油価格高騰
	COVID-19	✓工場ロックダウン ✓需要の落ち込み
	ロシアの ウクライナ侵攻	✓経済制裁 ✓企業活動停止

この調査が公開された2017年の後、現在までに発生したCOVID-19による世界を巻き込んだパンデミック、国家間の紛争などの発生は言うに及ばずですが、さらに過去に目を向けたとしても、バブルの崩壊、リーマンショック、自然災害など、**不確実性はどの時代にもつきまとう**ということが言えます。

　このような状況において、どの時代の企業も「どうせ未来は誰にも分からない」と匙を投げることなく「先読み」を実行してきました。それは具体的にどのような作業であったのかを、少し乱暴かもしれませんが、端的に表現すると「過去の分析」です。**「過去の延長に未来がある」**という考え方を基本路線におき、過去の実績データを細やかに分析しながら担当者の経験により未来を予測するものです。いわば「未来は誰にも見えないので過去から学ぼう」という考えです。これまでは筆者も多くの企業に対して、この考え方に基づく支援を実施してきました。

　実際に、過去と近い未来は強くつながっています。現場に携わられている担当者からすると、現在のビジネス環境を踏まえた、1カ月先の「先読み」はたやすく、おおよそ見立ても大きくは外れないという温度感を読者の方もお持ちだと思います。
　では、3カ月、1年、3年、10年と「時間軸」が長期に及ぶ場合はどうでしょうか？
　実務に携わられている方には想像に難くない問いですが、こうなると、前述した調査結果のように途端に「フォーキャスト情報」の信頼が下がります。これが現状の「先読み」がぶつかっている壁であり、今後必要な「先読み」を考える上の問いになります。

　先に結論を述べると、**今後必要な「先読み」とは、「学習すべきは将来**

にある」という考えに基づくものであると提案します。

　これは、「過去の延長に未来がある」を否定するわけではなく、過去の分析はAIに任せて人間はもっと長い時間軸での「先読み」や、目標を達成するための施策検討に注力しようという発想です。

　弊社はこれを**「先読み型プランニング」**という名称で提唱しています。迅速・的確に経営判断するための意思決定構造の変革を企業に浸透させることで企業価値向上に寄与すべく、この章にはその実現の可能性や意義、実現に向けたアプローチなどを記載しています。

　今後必要な「先読み」とは何か、をイメージいただくために、ここからは**「経営計画」**を策定する上での課題をベースに考えていきます。

　ここでいう「経営計画」とは、具体的には中期経営計画・年度予算・着地見込み・PSI計画(Production、Sales、Inventory：生産・販売・在庫計画)などを指しています。対象の期間や取り扱う情報、作成する頻度に違いはあれども、すべて「先読み」の後に経営判断をしてまとめられる企業の進む道を示す計画です。もし、企業を「大海原を航海する商船」に例えるならば「航海図」にあたる非常に重要なものと言えるでしょう。

　経営計画を策定、運用する上で現存する課題を図表5-2に示しました。筆者がこれまで経営計画に携わられる担当者の方々への提案や協議において、この内容には多くの方に共感いただいています。

以下、図表内の各項目を見ていきましょう。

①スピード感の欠如
　多くの日本企業の予算編成では3、4カ月あるいはそれ以上の期間をかけて策定されます。

図表 5-2：経営計画策定・運用上の課題

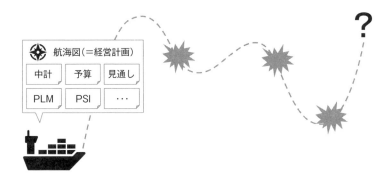

① スピード感の欠如
- ✓計画策定が完了する頃には経営環境に変化が生じており、出来上がった計画は"古新聞"化
- ✓管掌トップのマニフェストとなり、環境変化に追随できない

② 経験と勘
- ✓根拠情報と予測結果を紐づける"ビジネスロジック"が曖昧
- ✓上記につき予実分析による明瞭な原因把握が困難

航海図（＝経営計画）

| 中計 | 予算 | 見通し |
| PLM | PSI | ・・・ |

③ 過去からの延長
- ✓過去実績の収集と計算に固執し、将来の見通し検討が困難
- ✓計画が過去の延長にとどまり、目標や戦略を反映できていない

④ 個別最適
- ✓部門間、拠点事業部調整など多数の個別調整が必要で、各所の計画が連動していない

しかし経営環境は数カ月経つと変化しますので、せっかく作った計画はそれに追随できていない「古新聞」になります。PwCが支援する企業においてこのスピード感に対する問題意識は非常に強いです。長い予算編成期間中に環境変化を織りこむ業務の悩みをご担当の方は「いたちごっこ」と表現されていました。

　このような外部公開する経営計画は、管掌マネジメントのマニフェストと市場からみなされるため、慎重を期して策定する悪習があります。また、公表したら容易に変えられない硬直化、環境変化に追随しづらい悪循環を招いています。

②経験と勘への依存

　担当者が表計算ソフトを使い「ガチャガチャ」と計算をし、システムに計画数字を入力する光景をよく見受けます。作業は属人化し、計算ロジックおよび根拠情報は担当者の手元にしかありません。精度は担当者の積極性・消極性に依存し、さらには計画を上位組織に積み上げるごとに組織・個人の評価を意識したバッファが積まれることもよくあります。

　根拠情報が点在し、個人の想いが混ざりこんだ計画と実績との比較は容易ではありません。

　ある企業では毎月の進捗会議の報告が計画根拠に基づくものではなく、担当の方より「極論、なんとでも言える報告しかできていない」「言い訳探しの場になっている」という悩みを伺ったことがあります。

③過去からの延長

　前述した「過去の延長に未来がある」概念は間違いではありませんが、その発想のみで「先読み」をすると、実績データの収集や非常に細かい計算に担当の方が多くの工数を割く傾向に陥ります。もちろん論理性は必要ですが、経営者が議論したいのは、先々のビジネス環境において業

績がどうなるのかという未来の姿です。

　そして、これは選択肢が複数あるのが当然です。詳細な計算に基づき「乾坤一擲」で作成した唯一無二の計画、過去の延長のみを表現した「成り行き」の未来が提示されることを企業のマネジメントは求めていません。

④個別最適

　トップラインを計画する営業組織と、コストを計画する生産・調達組織ではそれぞれのミッションと責任が異なるため、それぞれの計画間調整に時間がかかる、あるいは不整合が生じるケースが多くあります。これは課、部、事業部といった組織階層間、グローバルに存在する拠点同士の間でも存在しますし、特に難しいのは年度予算とPSI計画という関係性における、異なる目的、粒度を持つ計画間における不整合です。年度予算編成の際に整合性をとっても、実行期に入ると途端に不整合が生じ、この調整に担当者が奔走される状況が発生しています。

　このようなさまざまな課題を抱えた経営計画＝航海図による航海は「沈没する姿」が容易に想像できます。環境変化に素早く対応できる経営の実現を目指すために必要なことは、前述した通り「先読み」について「学習すべきは将来にある」という考えに基づき経営を変革していくことです。我々が提唱する「先読み型プランニング」は以下の3つの変革を総称したものです。

1. 過去に固執せず、将来を見とおして判断する意思決定構造へのシフト
2. AIを活用して予測を行うシミュレーション基盤の具備
3. 単価や数量といった根拠情報の標準化と蓄積による経営計画の統合

　前述の経営計画の課題に対し、当変革がそれぞれをどのようにシフト

させようとしているかについては、図表5-3をご覧ください。さらに、当変革が実現された将来の姿を図表5-4に示しました。

　経営者の前にはオンデマンドで業績をシミュレーションできる仕組みがあります。チャンスやリスクに起因するビジネスアクション＝パラメータを動かすことで、将来の姿が複数パターン映し出されます。

　過去の分析と予測はAIが担っており、人間は経営者が選択した未来を実現するために、現実世界でどのようなアクションをとるのか、という未来を考える「先読み」とそれを実現する施策の検討に注力します。

図表 5-3：先読み型プランニングへのシフト

経営計画の課題		先読み型プランニング
①スピード感の欠如	➡	オンデマンド
②経験と勘への依存	➡	根拠とビジネスロジック
③過去からの延長	➡	将来の先読み
④個別最適	➡	全体最適

図表 5-4：先読み型プランニングによる将来の姿

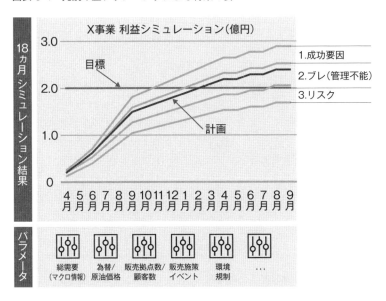

X事業 利益シミュレーション（億円）

18カ月 シミュレーション結果

目標

計画

1.成功要因
2.ブレ（管理不能）
3.リスク

3.0
2.0
1.0
0

4月 5月 6月 7月 8月 9月 10月 11月 12月 1月 2月 3月 4月 5月 6月 7月 8月 9月

パラメータ

総需要（マクロ情報）　為替/原油価格　販売拠点数/顧客数　販売施策イベント　環境規制　…

将来の姿を見て計画を決定する

パラメータを調整してシミュレーションされた複数の将来シナリオを確認し、経営計画と施策を同時に決定。パラメータは計画の根拠としてシステムに蓄積。

攻め・守りの一手を素早く講じる

成功要因・リスクに影響するパラメータが、重要モニタリング事項となり、オンデマンドでのシミュレーションにより、変化に対して常に先読みアクションができる。

過去分析と予測はAIに任せる

販売数・材料価格など過去時系列データからの成り行き予測はAIを活用。AI進化とデータ収集性向上により、意志のない予測ではAI予測は人間を凌駕する。

● AI活用の可能性とその意義

続いて、「先読み型プランニング」の要素を担うAIについて考えてみましょう。図表5-5はPwCが2022年に調査を行い、2023年に公開した「2022年AI予測調査」の結果です。

2021年から2022年の一年間だけでも企業におけるAI活用が拡大していることが分かります。導入企業が43％から53％へ10ポイント増加する一方、未導入企業における検討状況が41％から36％に減少している事実は、**着実にAI導入のフェーズが進んでいる**ことを如実に表しています。

一方、大量データの学習による画像・文字を認識し予測することで成長した無機質なAIを、「先読み型プランニング」が謳うように経営計画で取り扱う事例は一昔前まで皆無でした。

図表 5-5：日本企業における AI 活用

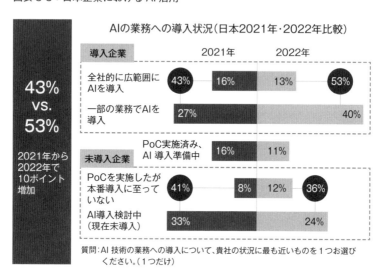

「先読み」とは本質的には経営そのものであり、「それを人間がやらずして経営は語れない」という先入観を、実は私たちコンサルタントも持っており、属人化する「先読み」が横行する状況を、ある意味では「聖域」や「匠の技」として容認されるべきと考えていました。まず、この考えからしてあらためる必要があるということに言及したいと思います。

　AIを活用、あるいはシミュレーションの仕組みを具備するということは一定のアルゴリズムをコンピューターが実施することを意味します。ここでいうアルゴリズムは経営計画の分野では、人が表計算ソフト上で考えるビジネスロジックそのものに該当します。
　経営計画の一部をAIが担うということは、このビジネスロジックをコンピューターに覚え込ませる、すなわちビジネスロジックを形式知にすることであり、これが実はこれまでの「先読み」をブレイクスルーすることにつながるのです。

　具体的に考えていくために図表5-6をご覧ください。経営計画策定が属人化されている「現在」の箇所で表現しているのは、経営計画という「アウトプット」と、その元である根拠すなわち「インプット」が、属人化された業務とそれを担う担当者によって「断絶」している姿です。
　一方、「将来」の箇所で表現している「先読みプランニング」が実現した世界では、**「アウトプット」である経営計画と、「インプット」である根拠データとが紐づきます。**間にあるのはAIやシミュレーションというまさしくコンピューターが担う領域であり、これを人間の判断でコントロールしていくのです。
　この実現を検討しはじめると、まずはコンピューターに処理させるアルゴリズム＝ビジネスロジックは明確である必要性、次にビジネスロジックをコンピューターが処理する際に必要な根拠データは一元管理されている必要性に気づきます。

図表 5-6：経営計画と根拠の紐づけ

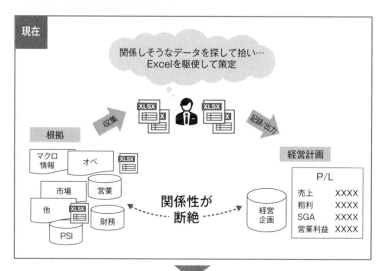

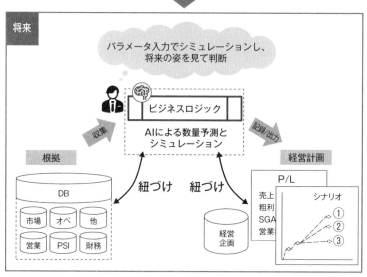

このように、実現したい世界をバックキャストで考えること、属人化とは真逆の発想、現状課題を解決する流れに必然的に進むことに、この取り組みの妙味があるのです。いわば「先読み型プランニング」自体も、まず将来のあるべき姿を見立てる考えで実現していくのです。

オンデマンドで根拠とビジネスロジックを用いて将来を「先読み」できる状況になると、もう1つ付加価値がもたらされます。それは前述した個別最適の課題への解決策です。

年度予算に代表されるFinance計画と、サプライチェーン担うPSI計画やエンジニアリングチェーンを担う商品計画は、取り扱うデータの違いおよびそれらが点在していることにより、全体最適が難しい状態にあります。

これまで、サプライチェーンは「数量」、エンジニアリングチェーンはモノやサービスの「単価」、Finance計画は経営活動の結果としての「金額」という異なるデータが、バラバラに存在している状況でした。

しかしながら根拠データが一元管理されて、1つの「統合データベース」に格納されると、データ同士を紐づけて考えられるため全体最適を考える基盤が整います。AIの活用は、単に流行りのテクノロジーに乗る、という安易な発想ではない重要な意義につながるということをまずはご理解いただければと考えます。

●過去ではなく未来を見る

これまでの内容で「先読みプランニング」の概念をつかんでいただけたかと思います。次に「過去ではなく未来を見る」ということはどういうことかを深掘りしながら解説していきます。

図表5-7に示した「先読みプランニング」の構成要素をご覧ください。

図表 5-7：先読み型プランニングの構成要素

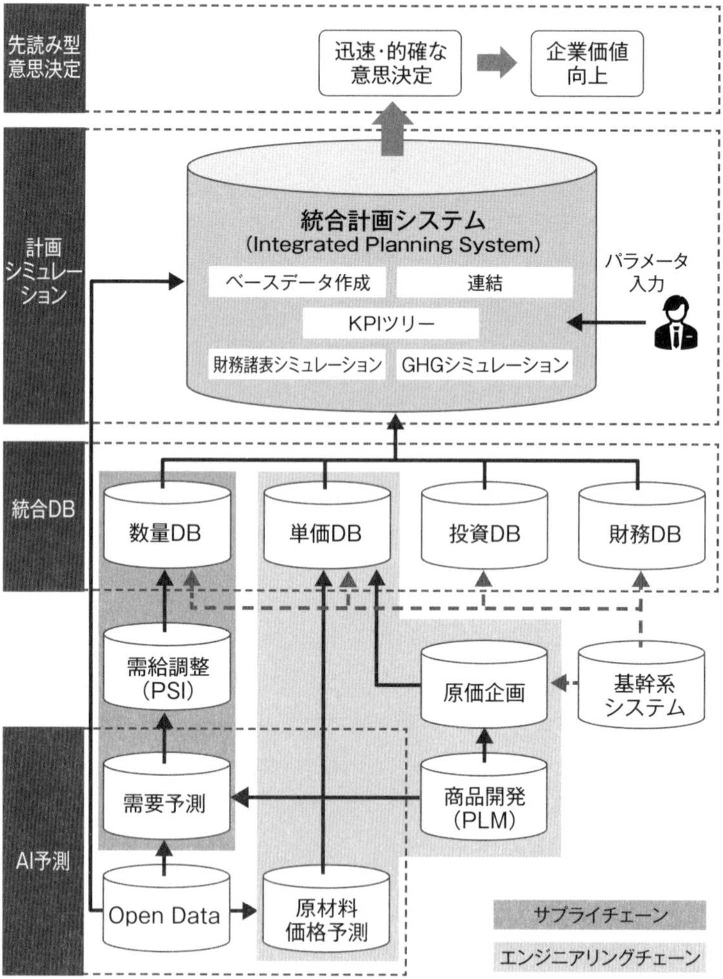

最終的な目的は迅速・適切な意思決定による企業価値向上ですが、それを実現するために「**計画シミュレーション**」と「**AI予測**」がそれを後押しする関係性になっています。そして、その周辺には「数量」、「単価」、「業績金額」等の情報が一元管理された「**統合データベース**」が存在します。

　図内において「過去ではなく未来を見る」考え方を中核として担う仕組みが「計画シミュレーション」です。「AI予測」については後述セクションで取り扱いますが、まずは「計画シミュレーション」なるものが何かということ、そしてなぜこれがなかなか実現できないのかという背景や理由を紐解いていくことが、「先読み型プランニング」の本質を考える上での近道です。

　「計画シミュレーション」はその名前の通り、広義に捉えると、計画策定を担う担当者が表計算ソフトで行う「先読み」の業務と同義ですが「先読み」の性質が異なります。

　繰り返しになりますが、「過去の延長に未来がある」と「学習すべきは将来にある」の違いであり、「計画シミュレーション」は後者の考えに基づきます。

　過去の分析を人間が担っている現状を振り返ってみましょう。根拠データを収集し、過去の深い経験から洞察を導き出し、未来の業績に変換するという作業は、想定以上に多くの労力と時間を必要とし、人間が本来担うべき、「未来を考えること」、そして「未来を実現するための施策を考えること」に使うための時間をほとんど奪い去っています。担当者が未来を見ようとしていないのではなく、**過去を分析するだけでタイムオーバーになっている**のが現状です。このような状態を是とする環境においては、オンデマンドで経営者に「先読み」結果を届けることなど夢物語

です。

　したがって、「計画シミュレーション」はコンピューターによる**計算や
レポーティングが前提**です。複数パターンを見立てるため「計画シミュ
レーション」のレポーティングとは、経営計画そのものをアウトプット
することを意味します。

　一方、人間はその過程においてさまざまな意志入れをします。ビジネ
スの未来におけるチャンスとリスクを想定し、計画シミュレーションに
ビジネスアクション＝パラメータをインプットし、アウトプットを見て
経営計画を最終決定します。このように**主役はあくまで人間**です。企業
内で定期的に開催される業績進捗を共有・議論する場において、「計画シ
ミュレーション」のアウトプットを活用するイメージを図表5-8に示し
ます。

　ここまでお読みになって、社内における経営者向け企画書、あるいは
コンサルタントの提案書に呪文のように登場する「経営ダッシュボード」
や「経営コックピット」という名前を思い浮かべた方は多いのではない
でしょうか。

　これらの名称はスマートに感じられる方も多いですし、実際に我々も
多くの企業がこれを導入する取り組みを支援してきました。
しかし、「先読み型プランニング」の概念をイメージできている方は、こ
れらに重要な要素が欠落していることにお気づきと思います。まさしく
「未来を見る」という視点です。

　**現状のほとんどの「経営ダッシュボード」や「経営コックピット」は、
過去と現在の「見える化」に限定している、あるいは偏っている**状況です。

　そして現時点でもそれを追求し、より正確に、あるいはより見たい切
り口や項目を求める「見える化プロジェクト」が終着点のない旅路のよ
うに継続しています。

図表 5-8：将来の姿の可視化

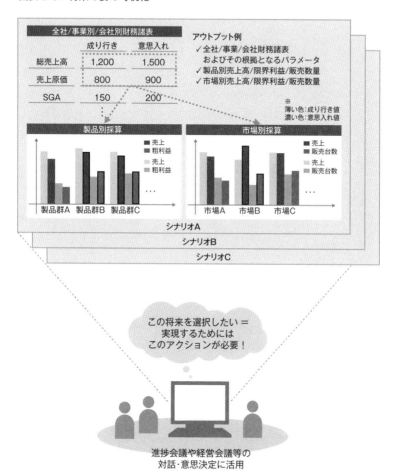

この将来を選択したい ＝
実現するためには
このアクションが必要！

進捗会議や経営会議等の
対話・意思決定に活用

実は、グローバルに多種のビジネスを扱う企業において、過去と現在を「見える化」することだけでも非常に難しい問題が待ち受けています。

　複数拠点のビジネス情報を統合管理するデータベースをどのように構築するか、そのデータベースの発生源となるトランザクション処理を適切に実行する業務プロセスの整備、あるいは統合ERPの導入を契機に業務やシステムの標準化を検討すること、乱立する周辺システムの扱いや、マスタデータやコードの不統一など悩みの種はつきません。筆者はこのあまりにも**大きな課題に立ち向かう途上で「未来を見る」視点が後回しになり、企業価値向上の意識が希薄化されていく**ことを非常に懸念しています。

　過去と現在の「見える化」は重要ですが、巨額の金銭的・人的投資をしているがゆえに、また、あまりにも長期の取り組みであるがゆえに、**「未来を見る」という視点が欠落していない**でしょうか。「見える化」とは、「実績を適切な切り口と項目でアウトプットすることである」と短絡的に定義づけていないでしょうか。

　このような、経営目線からするととんでもない「勘違い」が生まれてしまうと、「先読みプランニング」のコンセプトである「学習すべきは将来にある」という発想にはまず至りようもありません。**日本企業がこれに気づかない限り、低空飛行を脱却できない**のではないか、と強い警鐘を鳴らしたいと考えています。

　いかに素晴らしいERPや統合データベース、BIを駆使して、経営者の前に「経営ダッシュボード」や「経営コックピット」が提示されても、それが過去と現状のみしか取り扱っておらず、未来については根拠が判然としない年度予算や着地見込を提示される状況を、経営者の皆様は本当に満足されているでしょうか。

最終的には自らが決断せねばならない状況下、根拠に基づく未来の業績を複数パターン並べ、信頼のおける幹部の方々と未来を議論したいと考えておられるはずです。計画に携わる担当者は大変な苦労をされていますが、もし必ずしも経営ニーズにミートしない活動になっているならば、**意思決定構造の変革に乗り出す旗振り、決断をすることが経営者に求められているもの**と考えています。

●計画シミュレーションを紐解く

　ここからは「先読み統合プランニング」の中核を担う「計画シミュレーション」をもう少し具体化していきます。図表5-9に示す通り、「計画シミュレーション」は大きく3つのステップで処理されます。

①入力 - パラメータの設定
　「計画シミュレーション」に対するインプットであるパラメータの設定は、過去実績や一部をAI予測により自動的にセットする「成り行き」業績を計算するための設定と、その後にそれらを人間が手で変更してセットする「意志入れ」業績の2パターンがあります。

　パラメータとは、ビジネス上の前提や因子となる項目で、モノを売る製造業のトップラインを見立てるならば、販売数量や販売単価、プロジェクトベースでサービスを提供するシステムインテグレータにおいては案件数や受注確度になるでしょう。コストを見立てる場合は変動費率や人件費昇給率、BSを見立てる場合は回転率等がパラメータになります。

②計算 - 業績数値の算出
　インプットされたパラメータと、システムに定義したビジネスロジッ

図表 5-9：計画シミュレーションの流れ

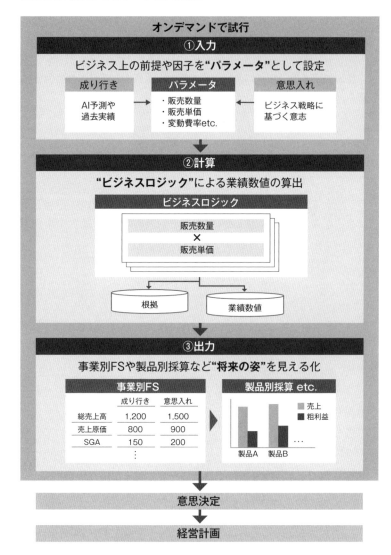

クに基づき、自動的に業績数字を算出します。

　ビジネスロジックとは、表計算ソフト等で担当者が計画を策定する際に個々に用いている計算式を、対象ビジネスの単位で標準化したもので基本的には四則演算で定義されるものです。この部分の設計については配慮事項がいくつかありますので後述します。

③出力 - 業績計画（候補）の見える化

　システムやAIにより自動算出した1つの「成り行き」業績と、事業を担う責任部署が作成した複数の「意志入れ」業績をアウトプットします。形式はP/L、B/S、C/Fといった連結財務諸表、およびそれらの製品別採算や顧客別採算などです。

　加えて経営計画の根拠となるパラメータにおける、「成り行き」業績と「意志入れ」業績の差異をアウトプットすることも重要です。これは人間が未来に向けた施策・アクションを起こす意志そのものだからです。

　例えば、ある商材の数量パラメータUPは、新規顧客開拓や値引きによる販売数量増など、物量を追求する施策・アクションを見立てており、一方、単価パラメータUPは、重要顧客へのアプローチや高価格戦略など、金額を追求する施策・アクションを見立てたものと言えます。

　処理の全体像を理解いただいた上で、「計画シミュレーション」の導入を筆者が支援した際のノウハウより、ビジネスロジック設計時の配慮事項を述べます。

　これまでの内容より「計画シミュレーション」は、未来を予想する「魔法の箱」ではないとご理解されたと思います。AIというキーワードより、そのような内容を期待していた読者の方には期待はずれかもしれませんが、これは、**経営判断をされる方々が未来の業績について適切にコミュニケーションすることを支援するのを目的としているがゆえ**であるとご

理解ください。

　この目的に沿うとビジネスロジックは複雑なアルゴリズムではなく、当事者が理解しやすく合理性あることが最も重要になります。筆者が支援したケースにおいては、C/FはP/LとB/Sから自動作成、連結処理はほぼ内部取引消去のみ実行など簡易な処理を採用しました。

　図表5-10は、製造業におけるビジネスロジックを、PwCの過去支援に基づくノウハウより汎用的に整理したものです。売上原価の詳細部分を割愛していますが、それにしても思っていたより単純だと感じる読者の方は多いのではないでしょうか。

　企業グループを統べるCxOや地域拠点のトップ、あるいは事業をリードする事業部長が未来の姿を議論する際に、精緻で複雑かつ当たるか分からない情報より、チャンスやリスクを踏まえた複数のビジネスシナリオやアクションプランがシンプルに求められるのです。

　一方で、シンプルにしすぎることにも気をつける必要があります。現在の担当者が行っている計算には、それを織り込まないと業績を大きくゆがめ、「計画シミュレーション」の精度が落ちるものも存在します。筆者も過去支援では、担当者ヒアリングや導入途上における実業務での試行運用を通じてそれらを把握して織り込みました。

　ビジネスロジックの設計は、分かりやすさと精度担保の両面のバランスをとりながらの作業になります。これを認識いただき、現状の実務で計画を見立てられている方への協力要請と、最終的な判断ができる経営者の後押し、ロジックを最終決断できる判断力をもつプロジェクト責任者の力が重要になります。

図表 5-10：ビジネスロジックの定義

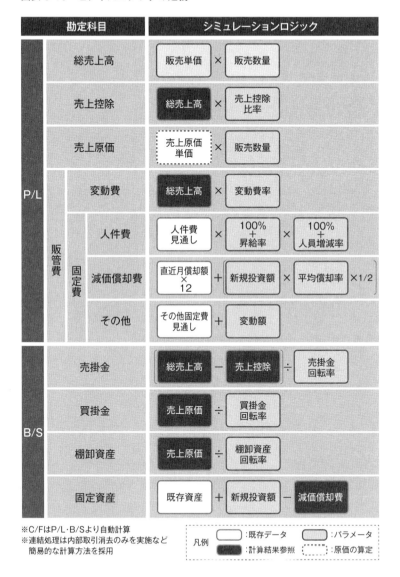

※C/FはP/L・B/Sより自動計算
※連結処理は内部取引消去のみを実施など
　簡易的な計算方法を採用

●AIとのつきあい方

　ここからは「先読み型プランニング」が経営計画の策定において活用する「AI予測」について述べます。

　2000年代からはじまったとされる「第三次AIブーム」でめざましい技術進歩があり、多くのユースケースが生まれ、「AI」は誰もが知る用語になったのではないでしょうか。「AI」を含むテクノロジーは日々進化しており、こういった要素技術のさらなる未来像は第7章で述べていますので、ぜひご一読ください。

　本章では、経営計画策定にAIを活用する際に考慮すべき事項や、あまたあるAI製品に必要な要件を考察します。なお、弊社が「先読み型プランニング」の導入を支援している企業においては、AIは販売数量といったいわゆる需要を予測するケースだけでなく、予測対象はニーズに応じてさまざまでした。そこで本章では、ある予測対象に絞った手法・技法ではなく、経営者および経営者を日々サポートされている方々が「どのようにAIとつきあっていくべきか」という観点で筆を運びます。

　最初に、経営計画策定にAIを適用する際に最も考慮すべき事項を述べます。それは予測に対する**「説明性」**です。

　経営の意思決定に活用するため、理由が分からない予測は全く活用できません。いくら「学習すべきは将来にある」というコンセプトを提唱しても、根拠と理由を語れない予測からは何も学習することができません。「おみくじ」に経営を委ねるわけにはいかないのです。図表5-11にある通り、根拠が予測結果に与える影響を可視化できることが必要です。

　また、あるビジネス因子がどのくらいのタイムスパンで未来に影響をするかという情報の提供も必要となります。こちらはAI予測のモデルを設計する際に考慮が必要になる重要事項の1つです。

図表 5-11：予測値の説明性

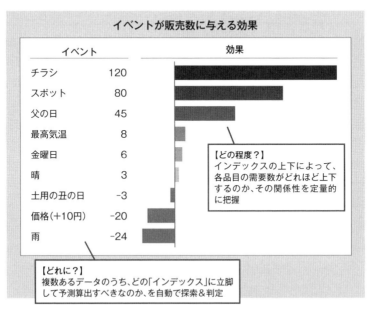

イベントが販売数に与える効果

イベント		効果
チラシ	120	
スポット	80	
父の日	45	
最高気温	8	
金曜日	6	
晴	3	
土用の丑の日	-3	
価格（＋10円）	-20	
雨	-24	

【どの程度？】
インデックスの上下によって、各品目の需要数がどれほど上下するのか、その関係性を定量的に把握

【どれに？】
複数あるデータのうち、どの「インデックス」に立脚して予測算出すべきなのか、を自動で探索＆判定

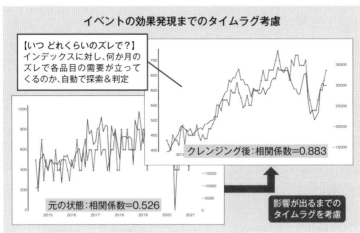

イベントの効果発現までのタイムラグ考慮

【いつ どれくらいのズレで？】
インデックスに対し、何か月のズレで各品目の需要が立ってくるのか、自動で探索＆判定

クレンジング後：相関係数=0.883

元の状態：相関係数=0.526

影響が出るまでのタイムラグを考慮

次に考慮したいのは**「管理可能性」**です。この用語は通常、業績評価を考える際に責任者がコントロールできる・できない項目かを区別する際に用いられますが、ここでは、AI予測時に与えるインプット、いわゆる説明変数を人間がコントロールできる、できないという意味で使っています。

　コントロールできない要素をインプットすることがいけないという意味では全くなく、コントロールできる要素をインプットできるAI予測モデルならば、より経営に活用できるということです。

　具体的には、天候や為替など当事者が直接コントロールできない要素だけでなく、販促イベント回数などコントロールできる要素をインプットできれば、これを変更することで将来を見立てるシミュレーションとなり、経営に活用できる仕組みに一気に昇華できるということです。

　「予測対象の適切性」も検討が必要な事項です。これは少々極端な例の比較で考察したいと思います。

　「販売数量」を予測する実例を前述しましたが、これがAIにより人間の想定より低い予測をした場合、これを変えるためには、新規顧客開拓や値引きなど、物量を追求する施策・アクションが必要になることが分かります。

　一方、予測対象が「税引後利益」だとどのような違いが出るでしょうか。まず、これはビジネスの最終結果であり、予測の基になるビジネス因子が人間の認識力を超えるくらい膨大になる、あるいは過去の「税引後利益」のトレンドや季節性といった時系列を追うだけの予測になり、人間のアクションにつながりません。

　このように経営のための＝アクションにつながるAI予測を求めるならば、何を予測するかということも重要な考慮事項となるのです。

次にAI製品を選ぶ際に必要な要件を考えてみましょう。

　日本企業でAI導入は確実に進んでいるとはいえ、導入の現場で次のような試行錯誤や苦戦されている声も筆者は耳にしています。

・EPM(Enterprise Performance Management)ツールやBI製品にAI機能が搭載されたものを活用しようとしたが、選択できるアルゴリズムが限定されており要件とマッチしない
・AI専用製品を選択したが、専門家によるモデル構築レベルに昇華できず精度が出ない
・AI専門家を社内に招聘したが、社員育成による効果創出に時間がかかっている
・日々進化するアルゴリズムや手法への追随にコストがかかる

　このような状況下、AI製品は適切なものを慎重に選びたいですが、世の中にあまたあるものから、それぞれの特性を見極めるだけでも労力を要します。

　では、適切な製品選定を行うために何に着目すべきなのでしょうか。まず思いつくのは**「精度」**ですが、重要な要素として**「汎用性・柔軟性」**もあると考えています。

　まず「精度」については、適切なアルゴリズムを選択できるAI予測においては、人間が過去の分析をもとに行う予測を凌駕するという成功事例がいくつかの企業で発生しています。200万点を超える非常に大量の商材の需要予測をAIが実行した事例もあり、人間の予測と比較するという以前に、もはや人間が到達できない域の予測処理をAIが担いはじめています。

次に「汎用性・柔軟性」については、具体的に述べると、「幅広い予測実績があるか否か」と言えます。

　「先読み型プランニング」導入の際にAIで予測したい対象は、対象とする経営計画やビジネスの性質など、企業のニーズに応じて多種多様となるため、さまざまなケースにおける予測実績があるAI製品を選ぶのがよいでしょう。

　最終的には複数のAI製品を比較し、選定して決定されることを推奨しますが、さまざまなビジネスでの予測実績があるか、既存品のみならず新商品の予測実績があるか、頻度多く大量に売れるものだけでなく、低頻度で少量が売れるロングテール品にどう対応できるか、などビジネス要件との適合度合が重要になります。

●実現に向けた「虎の巻」

　ここからは、今後必要な「先読み」を実現するためのアプローチや、配慮事項について述べます。僭越ながらPwCが支援実績にもとづきまとめましたので、見出しを「虎の巻」としています。

　ここであらためて「先読み型プランニング」が謳う3つの変革について再掲します。

1. 過去に固執せず、将来を見とおして判断する意思決定構造へのシフト
2. AIを活用して予測を行うシミュレーション基盤の具備
3. 単価や数量といった根拠情報の標準化と蓄積による経営計画の統合

　「言うは易く行うは難し」であり、コンサルティング会社の「絵に描いた餅」にならないよう、これをどのように実現していくのか、というの

がこのセクションで述べたいことです。筆者が上記の変革内容をクライアントに提案した際、あるいは弊社内のコンサルタントに内容をシェアした際、はじめて受け止める方が最初に気になる点としてよく挙がるのは、以下のような内容です。

・考え方や方針はすばらしいとして、どのように現場レベルに落とし込むのでしょうか?
・現場などへのコンセプトの説明は欠かせないと思いますが、現状を変革することへの反発もあると思います。どのように浸透を図っていくのでしょうか?
・導入にあたり特に配慮したポイントについて教えてほしい

「虎の巻」ではこれに回答するために、プロジェクトを推進するための重要ポイントと導入アプローチを説明します。

なお、「計画シミュレーション」のビジネスロジック設計の配慮事項を「計画シミュレーションを紐解く」のセクションに、AI活用を行う際の配慮事項を「AIとのつきあい方」のセクションで述べていますので、個別にこの部分が気になる方は参照してください。

「先読み型プランニング」の導入は、通常それを推進するプロジェクト体制が組成されます。

旗振りや後押しをするトップマネジメント、責任をもって推進をリードするプロジェクトリーダー、経営計画を管理する経営企画部門や財務経理部門、事業部門の巻き込みが必須となります。

そして、体制を立ち上げた後の推進にあっては、3つの重要ポイントを念頭におく必要があります。それは、**①最新テクノロジー、②段階的拡大、③意識改革** です。

①最新テクノロジー

「計画シミュレーション」や「AI予測」など、コンピューターに一部の仕組みを任せることになりますが、テクノロジーは日々進化しています。技術動向や実現できることの理解不足があると、プロジェクト推進後にアプローチを根幹から見直す必要が生じ、多大な非効率を招きます。

例えば、構想・実行計画の策定が終わり、いざシステム構築に着手したところ、想定した事柄が実現できないことが分かり代替手段の再考が必要となる、というような状況です。

この対策としては、最新技術動向の調査・把握を行うことが正攻法ですが、これは我々のような外部のコンサルタントやITベンダーを活用できます。そして、調査結果に基づくテクノロジーの活用・適用範囲は、必ず初期構想を練る段階でしっかり協議し決定してください。当然、プロジェクト推進中に変化も起こりえますが、あるべき「軸」を持って推進することをお勧めします。

②段階的拡大

最終的な効果を得て経営に寄与することがプロジェクトの目的ですが、効果の発現までに時間を要する段取りやスケジューリングはリスクをはらみます。

例えば、2年後にその効果を得られるというプロジェクトだとすると、投資判断するトップマネジメントの不安や心配、導入メンバーの疲弊が、容易に想像できるのではないでしょうか。

この対策としては、費用対効果が大きい「業務」や「ビジネス」を見極め、そこから着手することです。「先読み型プランニング」でいう「業務」は経営計画の種類ごとに存在します。

つまり、3年に一回作る中期経営計画を策定する業務と、月次で実施

されている着地見通し業務では頻度だけで考えると、変革の効果を得やすいのは後者です。

　また、いきなりすべてのビジネスへ適用するのではなく、費用対効果の大きいビジネスを選択して着手する方法も考えられます。段階的に高度化を進めるロードマップを策定し、階段を一歩ずつ上がっていくという「Quick Win」のアプローチはプロジェクトの士気高揚や維持につながるメリットがあります。

③意識改革

　「先読み型プランニング」のような意思決定構造の変革は、関連する当事者の仕事の質そのものを変える要素を含みます。

　現在、多くの企業における計画策定の現場では、属人化した計算方法がそれぞれの組織における「お作法」になっています。また「他部署から情報をもらいそのまま入力する」といったルーティン化も進んでいます。

　これらの効率化への「努力の賜物」は変革の障壁になる可能性があります。「所与」の情報を「決まった通りに処理」し効率を求められている担当者に、いきなり「それはAIなどに任せて未来や施策検討にシフトせよ」となるのです。

　この対策は、まずトップマネジメントの旗振り、強い後押しが最重要です。新しい経営の姿を浸透させるために、現業の中核を担っている「キーマン」を構想段階から巻き込み当事者になっていただくことも有効です。急激な移行を避けるための試行運用を間に挟んだり、意識調査と称してコンセプトの浸透度合いを図ったりと「チェンジマネジメント」と呼ばれる「変化に対応するためのケア」が必要です。

　このような推進のための重要ポイントを踏まえた導入アプローチは、

図表5-12になります。

　まずは構想策定と実行計画策定に着手します。構想策定では、最終的なありたい姿を描き、その実現がどのように企業価値向上に寄与するのかを考えます。

　並行で技術動向の把握と適用範囲を検討し、必要なソリューションの採用方針を決めます。これにより将来像においてコンピューターに担わせる部分と人間が担う部分がおよそ明確になり、重要ポイントの①最新テクノロジーがおさえられます。

　青写真を描いた後、実行計画を作成します。必要なヒト、モノ、カネ、そしてどのようなタイムラインでそれを実現するかという長期視点のロードマップと、短期視点の実行スケジュールを決め、これらをプロジェクト内で関係者と合意します。

　実行計画は「トライアル」→「仕組化」→「高度化」を段階的に実現する姿を推奨します。一歩ずつ階段を上がっていく計画ができあがれば重要ポイントの②段階的拡大もおさえたことになります。

　「仕組化」とはAIモデル構築、システム構築にあたりますが、まずは「トライアル」という形で、新しい業務や仕組みが本当に機能するのかを実業務で検証します。

　「トライアル」では「計画シミュレーション」は表計算ソフトで代替した簡易ツールを用い、「AI予測」も本番リリース前のものを使います。また、すべてのビジネスではなく対象を限定します。これにより、想定した効果を得られるのかが分かり実現にあたっての実務上の課題も認識できます。

　課題とは「新しいスキームを実業務で回してみると実は日程的に無理があった」、「ビジネスロジックが汎用化されすぎてシミュレーション結

図表 5-12：先読み型プランニング実現ポイント

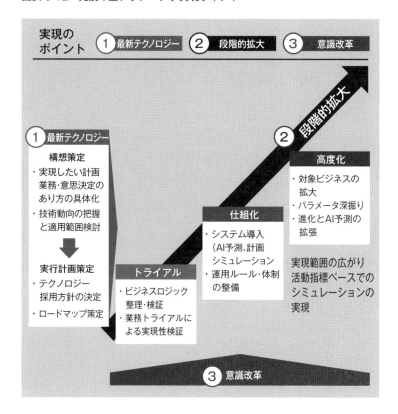

果の数値が実態と乖離している」「仕事の質が変わることを目の当たりにし、意識改革への取り組み不足が認識される」などです。

　階段を上がっていく期間を通じて継続的に重要ポイントである③意識改革を行います。これは社内の味方を増やす粘り強い広報活動になります。

　取り組みに対する反対意見を言う方を「抵抗勢力」と呼ぶ場合がありますが、この考えは怠慢です。担当者からすると変革を強要するプロジェクトが「侵略者」なのです。いかに「学習すべきは将来にある」などという言葉をならべても、実務を担当されている方々の理解と協力なくしては成功を勝ち取れない、という真摯な姿勢で臨む必要があります。

　最後に、実際の適用事例を図表5-13に示しました。予算編成プロセスを抜本的に変革した絵姿を示しています。こちらは、予算編成における来期目標を決めるまでの期間を半減させた事例であり、弊社が実際に支援させていただきました。

図表 5-13：先読み型プランニング応用事例

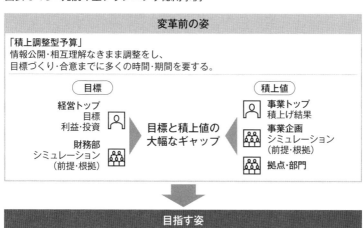

変革前の姿

「積上調整型予算」
情報公開・相互理解なきまま調整をし、
目標づくり・合意までに多くの時間・期間を要する。

目標

経営トップ
目標
利益・投資

財務部
シミュレーション
（前提・根拠）

目標と積上値の
大幅なギャップ

積上値

事業トップ
積上げ結果

事業企画
シミュレーション
（前提・根拠）

拠点・部門

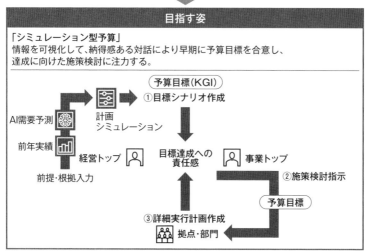

目指す姿

「シミュレーション型予算」
情報を可視化して、納得感ある対話により早期に予算目標を合意し、
達成に向けた施策検討に注力する。

予算目標（KGI）
①目標シナリオ作成

AI需要予測

計画
シミュレーション

前年実績

経営トップ

前提・根拠入力

目標達成への
責任感

事業トップ

②施策検討指示

予算目標

③詳細実行計画作成

拠点・部門

第6章
価値創造を実現するための
人材変革

第6章のサマリー

1. 価値創造と人材を取り巻く背景

　本書で提言する価値創造を実現するためには、その中核を担う人材への手当てが肝要になる。2020年の「人材版伊藤レポート」の公表以降、人材を資本として捉える「人的資本経営」に注目が集まっている。この手法は、人材の最大の価値を引き出すことを重視している。その背景には、人材に求める価値の変化や、ビジネス環境の変化の加速が挙げられる。これらの変化に適切に対応する人材投資は、今後の企業の価値創造に不可欠である。

2. 人材不足が深刻化する中、企業による人材投資は不十分

　日本企業の約7割は自社の中長期的な持続性を不安視しており、特に自社の持続性労働力やスキルの不足に対して強い危機感を抱いている。労働力の不足は既に顕在化しており、少子高齢化が進む中で深刻化が予想される。人材に関する国際競争力は低迷している一方で、人材に対する投資は他国と比較して低い水準であり、今後の人材投資の推進が急務であると考えられる。

3. いま求められる新たな人材とスキル

　経営環境の変化に伴い、求められる人材やスキルの要件も変わってきている。近い将来、日本の仕事の約2割が変化することが予想されているが、新しい能力や意識面の変革が求められることが想定される。

　これまでは「特定の業務を着実に遂行する能力」が求められてきたのに対して、今後は「変化が前提となる中で価値を創出」することが求められる。テクニカルな専門性だけではなく、複雑な状況下で解決策を導きだす「思考力」、アクションを促す「実行力」、効果的な連携を実現する「協創力」に加えて、自ら主体的に進める「オーナーシップ」が求められる。

　企業は従来と異なる新たな人材像を意識しながら、人材の獲得や育成を進めていく必要がある。

4. 人材投資を価値創造につなげるための5つのポイント

人材に対する投資を価値創造につなげるためには、一貫性と連動性をもって、さまざまな仕組み、仕掛けを組み合わせて取り組むことが求められる。

①将来ニーズを考慮した、長期的な計画の策定

環境の変化により、求められるスキルセットが急速に変わっている。この変化に対応するため、将来のニーズを見越して計画的な人材の採用や育成が必要となる。

②多様な人材を組み合わせた、ポートフォリオの構成

人材・スキルのニーズが多様化する中で、これらを画一的な人材像で補うことは困難になっている。特性や趣向性の異なる人材を組み合わせてポートフォリオを構成することで、組織として価値を創出することが求められる。

③自律的成長を促す、多様な育成機会の提供

従来とは異なる役割や新たなスキルを育成するにあたり、企業はOJT・Off-JT、オンライン・オフライン、内部・外部、集合・個別などの育成手法を、有機的に組み合わせて従業員に提供することが求められる。同時に、育成時間を創出するための自動化や効率化の投資を進めることが肝要である。

④ダイバーシティとコラボレーションの促進

　価値創出を加速させるためには、異なるバックグラウンドや価値観を
もつ多様な人材を活かす、ダイバーシティとコラボレーションの促進が
重要になる。

⑤イノベーションを生み出すための「余裕」の創出

　ルールや仕組みの整備に加えて、偶発的なイノベーションを生み出す
ための、時間的余裕や失敗を許容しチャレンジを促す文化の醸成が必要
となる。

●価値創造と人材を取り巻く背景

　ここまで、本質的な価値創造の要点とそのためのマネジメント手法について解説してきました。イノベーションの創出やビジネスモデルの変革など、価値向上に向けたあらゆる取り組みを実現するには、その活動の主体者である人材がカギを握ります。

　本章では、企業価値を構成する重要な無形資産の1つであり、同時に価値創造の担い手である「ヒト」に焦点を当て、現状の課題や求められる変革、取り組みの方向性について解説します。

　2020年9月に経済産業省が公表した「持続的な企業価値の向上と人的資本に関する研究会報告書」、通称「人材版伊藤レポート」を皮切りに、人的資本経営への注目が高まっています。

　人的資本経営とは、人材を「コスト」ではなく「資本」として捉え、その価値を最大限に引き出すことで、持続的な企業価値向上につなげる経営のあり方です。

　企業は人材のスキルや能力に対して適切な投資を行うことで、価値創造を促すことが求められます。岸田内閣が掲げる「新しい資本主義」においても、「人への投資の抜本強化」が1つの柱としてあげられ、リスキリングなどの人材投資を5年で1兆円に拡充する方針が発表されました。

　長らく終身雇用制度が前提となっており、かつては手厚い人材育成が強みとされていた日本企業にとって、長期的な視点で人材に向き合うこと自体は新しい概念ではありません。

　ではなぜ、人材に対する投資が改めて注目されるようになったのでしょうか。筆者は、企業の人材を取り巻く2つの変化が影響していると考えています。

① 「人材の価値」の量的・質的な変化

　欧米を中心とする各国のGDPや時価総額に占める無形資産の割合が高まっており、資本としての人材が企業価値に与える影響が増しています。同時に、経営環境が加速度的に変化する中で、新たなマーケット、顧客ニーズ、ビジネスモデルに対応することが求められるようになり、これまでと異なる人材・スキルや多様な専門性が強く求められるようになってきました。

② 「変化が起こるスピード」そのものの加速

　経営環境は時間をかけて段階的に変化する時代から、非連続的かつ不確実に変化する時代に変わりました。わずか10年の間で時価総額上位の企業の顔ぶれが大きく入れ替わり、上位10社の合計額は過去5年で倍増しています。

　生成AIのような技術の進展は、ビジネスの前提を覆すようなものであり、もはや月単位、日単位で急速に発展しています。これまでのように、世代を跨いで中長期的に人材を育成・発展させるアプローチでは時代の変化に取り残されてしまいます。

　言い換えると、人材の観点からもまた価値創造経営が掲げる2つの変化、①求められる価値構造の変化と②時間軸の変化が影響しており、これらに対応するための戦略的な投資を推進することが企業にとって重要な経営課題であると言えます。

● 人材不足が深刻化する中、企業による人材投資は不十分

　2022年12月にPwCが実施した「第26回世界CEO意識調査」による

と、「現在のビジネスのやり方を変えなかった場合、10年後に自社が経済的に存続できない」と考える日本のCEOは72％に上り、世界全体の39％と比較して極めて高い結果となっています。同調査において、日本のCEOの77％が「労働力／スキルの不足」を今後10年間の業績に大きな影響を与える事象としてあげており、人材・スキルに対する強い課題感がうかがえます。

　また、帝国データバンクの「人手不足に対する企業の動向調査」（2023年1月）によると、2023年4月時点で正社員が不足している企業は既に全体の5割に上り、人手不足に起因する倒産も過去最大規模に増加しています。
　多くのCEOが懸念する「労働力／スキルの不足」は既に顕在化しており、高齢化や人口減少が進む中で、いっそう深刻化することが見込まれます。

　このような状況を踏まえると、限られた人材を効果的に活用し、一人ひとりがより高い価値を創出することが求められますが、**日本の労働生産性はOECD加盟38カ国中29位と低迷**しており、改善が遅々として進んでいないのが実態です。

　また、国際ビジネススクールIMD（International Institute for Management Development）が2022年に実施した世界タレントランキングによると、**日本における人材競争力は過去最低の41位まで順位を下げ、G7の中で最下位に位置づけられています。**
　人材に対する「投資と育成」、外国人材にとっての「魅力」、人材利活用の「準備度合い」のいずれの評価項目においても20位を下回る水準となっており、諸外国と比較して大きなギャップが生じていることがうか

図表 6-1: ビジネスの持続性と重要課題に関する日米比較

質問 | 貴社は現在のビジネスのやり方を変えなかった場合、経済的にどの程度維持存続できるとお考えですか？

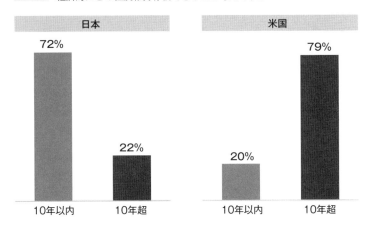

質問 | 今後10年間、次のできことは貴社の業界の収益性にどの程度の影響（プラス・マイナス）を及ぼすとお考えですか？

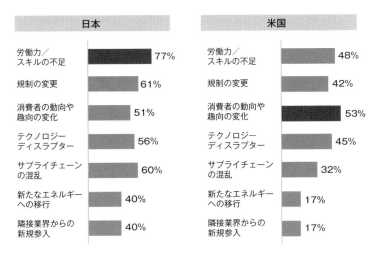

がえます。

　人材の確保・育成に対する危機感が高まる中で、企業は人材に対して十分な打ち手を講じることができているのでしょうか。

　図表6-2では人材投資の国際比較を示していますが、日本におけるGDP比の人材投資額が欧米諸国と比較して低い水準にあることがうかがえます。本調査では、日本企業で主流であるOJTが含まれないため純粋な比較は困難であるものの、約10年にわたり長期減少傾向であることに留意する必要があります。

　また、中長期的投資に対する投資家・企業の意識調査（図表6-3）をみると、投資家が「人材投資」を最も重要視しているのに対して、企業は「設備投資」、「株主還元」、「IT投資」、「研究開発投資」に続く5番手に位置付けていることからも、人材投資への対応が不十分であることがうかがえます。

　内閣府の試算によると、1人当たり人材投資が1％増加すると労働生産性が0.6％程度改善する可能性が示唆されます。深刻化する人材不足に対応するためにも、人材投資を促進することが肝要です。

●求められる新たな人材とスキル

　今後どのような人材やスキルへの投資が求められるようになるのでしょうか。

　前述の通り、企業を取り巻く経営環境は加速度的に変化しています。世界経済フォーラム（WEF）が発表した「仕事の未来レポート2023」

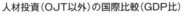

図表 6-2: 日本における人材投資の実態

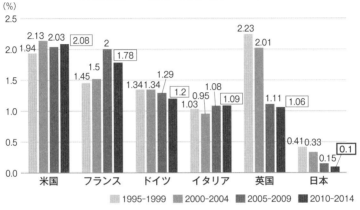

人材投資（OJT以外）の国際比較（GDP比）

出所：厚生労働省「平成30年版 労働経済の分析」を基に経済産業省が作成

図表 6-3：中長期的な投資の重要性に対する企業・投資家比較

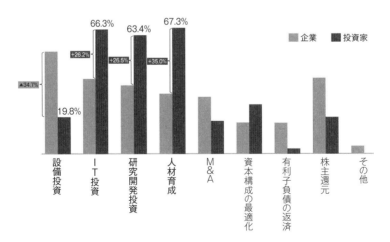

によると、**今後わずか5年間で世界の仕事の約4分の1が変化すること**
が予想されており、日本においても約12％の新しい仕事が創出され、
約12％の仕事が失われることが予想されています。

　脱炭素やデジタル化などの影響を受けて、就業需要の「創出」と「消失」
の二極化はさらに進行することが見込まれています。経営・企画・イノベー
ションなどの「新しいビジネスを生み出す役割」、および高付加価値かつ
代替性の低いサービスなどの「新しいビジネスを実現する役割」が伸長
する中で、一部の製造ラインやバックオフィス業務などの「AIやロボッ
トに代替される役割」が減少することが考察されます。

　これらの就業需要の変化を受けて、求められるスキルもまた大きく変
革することが予想されます。経済産業省が2022年に公表した「未来人
材ビジョン」では、基礎能力や高度な専門知識だけではなく、「常識や前
提にとらわれず、ゼロからイチを生み出す能力」「夢中を手放さず一つの
ことを掘り下げていく姿勢」「グローバルな社会課題を解決する意欲」「多
様性を受容し他者と協働する能力」など、**根源的な意識・行動面に至る**
能力や姿勢が求められることに言及しています。
　同調査では、2015年時点では「注意深さ・ミスの少なさ」「責任感・
まじめさ」や「信頼性」、読み書き計算などの「基本機能」などが強く求
められていたのに対して、2050年には「問題発見力」、将来を見通す「的
確な予測」「革新性」などが求められることを推計しています。
　言い換えると、**これまでは「特定の業務を着実に遂行する能力」が求**
められてきたのに対して、今後は「変化が前提となる中で価値を創出」
することが求められると言えるのではないでしょうか。

　PwCがこれまで支援してきた「価値創造人材」の育成プロジェクトに

おいても、以下のように類似するトレンドが浮上しており、これらの人材・スキルギャップへの効果的な打ち手が求められます。

①思考力

　データドリブンな分析的思考に加え、デザイン思考や創造性、シナリオ構築力などの右脳的・左脳的要素を組み合わせた思考力が求められるようになりました。特定の担当領域に縛られず、さまざまな要素の相互作用を統合的に捉えるシステム思考の重要性が高まっています。

図表6-4: 能力に対する需要の変化 2015 vs 2050

56の能力等に対する需要

2015年		2050年	
注意深さ・ミスがないこと	1.14	問題発見力	1.52
責任感・まじめさ	1.13	的確な予測	1.25
信頼感・誠実さ	1.12	革新性※	1.19
基本機能（読み、書き、計算、等）	1.11	的確な決定	1.12
スピード	1.10	情報収集	1.11
柔軟性	1.10	客観視	1.11
社会常識・マナー	1.10	コンピュータスキル	1.09
粘り強さ	1.09	言語スキル：口頭	1.08
基盤スキル※	1.09	科学・技術	1.07
意欲積極性	1.09	柔軟性	1.07
⋮	⋮	⋮	⋮

※基盤スキル：広くさまざまなことを、正確に、早くできるスキル　　※革新性：新たなモノ・サービス、方法等を作り出す能力

注： 各職種で求められるスキル・能力の需要度を表す係数は、56項目の平均が1.0、標準偏差が0.1になるように調整している。
出所：2015年は労働政策研究・研修機構「職務構造に関する研究Ⅱ」、2050年は同研究に加えて、World Economic Forum "The future of jobs report 2020", Hasan Bakhshi et al., "The future of skills: Employment in 2030" 等を基に、経済産業省が能力等の需要の伸びを推計。

②実行力

　着実な成果が求められる中で、交渉力、プロジェクト推進力、チェンジマネジメントなどの能力があらゆる職種に対して要求されています。

　例えば、かつては情報収集や分析、示唆出しまでが期待されていたのに対して、現在はアクションの促進や実行フォローまで期待されるようになりました。

③協創力

　部署や組織を跨いださまざまな人材を効果的に巻き込み、連携することでチームとしての成果をあげることが求められるようになりました。多様な人材と協力するためのダイバーシティやインクルージョンなどを体現することが人材要件に組み込まれるようになりました。

④オーナーシップ

　企業のパーパスを深く理解し、課題を自らのものとして解決する姿勢が重要視されるようになりました。高いモチベーションを維持し、自律的な学習と成長を通して、組織全体の成果に貢献することが期待されています。

●人材投資を価値創造につなげるための５つのポイント

　人材に対する投資を価値創造につなげるためには、一貫性と連動性をもって、さまざまな仕組み、仕掛けを整備することが求められます。ここでは、特に重要性の高い５つの領域に絞って、取り組みのポイントを解説します。

・将来ニーズを考慮した、長期的な計画の策定

　環境変化の加速に伴い、求められる人材やスキルセットも急速に変化しています。LinkedInが実施した調査（「2023 Workplace Learning Report」）によると、過去7年の間に企業が求めるスキルセットは25％変化しており、今後5年間で約5割まで広がることが予測されています。

　これらの変化のスピードに対応するためには、顕在化したスキルギャップを埋めるだけではなく、**将来的なニーズを見据えて、計画的に採用、育成、再配置を進める**ことが重要になります。

　図表6-5では、中長期的なスパンで人材・スキルの充足を計画する「戦略的人員計画」のステップを示しています。効果的な計画を作成するにあたっては、事業戦略や中長期的な事業環境の分析を開始地点として、将来ニーズを的確に先読みすることがポイントになります。

図表6-5：戦略的人員計画（Strategic Workforce Planning:SWP）のステップ

STEP1	事業戦略や想定される環境変化の明確化
STEP2	将来求められる人材・スキルの定義
STEP3	社内外の供給源の分析
STEP4	需給ギャップの分析
STEP5	ギャップを充足するための計画策定
STEP6	進捗・成果のモニタリング

ある国内製造業のコーポレート部門では、業界トレンドなどを踏まえて5年先の未来を先読みすることで、現在の組織が具備していない新たな人材ニーズを捉え、組織の組成や人材育成などのさまざまな施策を設計しました。

　こうした取り組みには長い期間を要するため、将来を見据えた検討をすることにより、変革の早期実現に加えて、施策実現時にスキルニーズが陳腐化しているリスクを抑制しています。

　ビジネスモデルの変革期を迎えたある米国企業では、より長期的な視点で「現在は存在しない将来の新しい職種」を定義し、従業員の約半数相当を対象としてこれらの新しい職種を見据えた、スキル・資格取得を推進しています。

　実行力のある計画を策定するためには需要の先読みに加えて、**現在の人材やスキル構成の実態を正確に把握する**ことも重要になります。

　グループ内の人材配置や従業員属性、スキル習熟度などの情報を捉えることで、人材・スキルの需給ギャップをより正確にシミュレーションすることができます。

　多くの場合、開示目的で集められるサマリー情報から十分な示唆を導き出すことは困難であり、効果的な人材情報活用にあたっては、全社的なタレントマネジメントシステムなどを活用した、鮮度が高くかつ詳細な人材情報の収集・管理が求められます。

・多様な人材を組み合わせた、ポートフォリオの構成

　人材・スキルニーズが複雑化する中で、スキルギャップを画一的な人材像で埋めることが困難になってきています。

　図表6-6では、価値創造を実現するために求められるいくつかの異な

図表 6-6: 価値創造を担う人材像の一例

	人材像	説明
	ビジョナリー	不確実性の高い環境下において、起こりえる未来を想像する。その中で自社として進むべき道筋を描き変革を先導する
	ストーリーテラー	マーケットに対する深い理解をもち、自社の戦略や成長シナリオを市場やステークホルダーに届ける
	イノベーター	既存の枠組みにとらわれず、創造性と柔軟な発想力を持ち、新たな視点から課題にアプローチすることで、ゼロからイチを生み出す
	アーキテクト	収益構造やビジネスモデルを描き、組織やプロセスなどから構成される仕組を組成することで実現するプロデューサー
	スペシャリスト	高度な領域専門性をもって、特定の分野や領域で高度な専門知識やスキルを通して独自の価値を提供する
	オーケストレーター	異なる人材やサービスをつなぎ協調させ、統合的に動かすことによって全体の効果を最大化する役割を果たす
	ドライバー	他者を巻き込み、最適なアプローチを描きながら高い推進力をもって着実に成果を実現する
	ガーディアン	さまざまなシナリオを想定し、あらゆるリスクを多面的に評価し価値の棄損から企業を守る

る人材像を示しています。

例として、社会や市場の未来を先読みして進むべき道筋を描くことに長けた「ビジョナリー」が求められる一方で、説得力を持って社内外に伝達する「ストーリーテラー」も求められます。

新規ビジネスの創造においても、既存の枠組みにとらわれない発想力を持つ「イノベーター」に加えて、仕組みやプロセスを設計し成長曲線に乗せる「アーキテクト」も不可欠になります。求められる役割に応じて適切な人材をポートフォリオのように組み合わせることで、組織やチームとしての価値創造を実現することができます。

多様な人材像を引き付け、能力を効果的に引き出すためにはそれぞれの特性を踏まえた人材マネジメントシステムの変革が求められます。

ある企業では、キャリアトラックや期待値・処遇などを選択制に変更することにより、それぞれの人材の定着や育成を加速する取り組みを進めています。

昨今、専門人材の不足やグローバル市場での競争などを背景に、ジョブ型人事制度への移行が検討されはじめていますが、人事制度の改革に加えて、働き方、育成手法、金銭・非金銭報酬、評価手法、コーチングなどあらゆる側面から、従業員エキスペリエンスのパーソナライゼーションを実現することが肝要です。

・自律的成長を促す、多様な育成機会の提供

これまで多くの日本企業においては、配置転換やOJTを中心とする育成が一般的でした。「成長の7割は仕事上の経験、2割が上司や同僚からの薫陶、1割は研修」と言われていますが、実務経験を通した日本流の

育成手法は効果的なアプローチであったと言えます。

　一方で、環境変化の加速に伴い求められるスキルは急速に変化しており、そのすべてをOJTを通して習得することが困難になってきています。例として、DXなどの新しいスキルは、現場に十分なノウハウがないことが多く、また一部の業務では役割そのものの転換により抜本的なリスキリングが求められるようになりました。

　このような背景を受けて、企業はOJT・Off-JT、オンライン・オフライン、内部・外部、集合・個別などの育成手法を、有機的に組み合わせて従業員に提供することが求められます。

　例えば、ある通信会社では、ビジネスがハードウェア主体の固定回線から、ソフトウェア主体の無線回線へシフトする中で、リスキリングを進めるための大規模な育成投資を実施しました。人材育成に対応する専任組織を立ち上げ、コンテンツ開発や研修提供に対して年間約2.5億ドル投資し、同時に約3,000万ドルの学費補助を提供しました。

　同社は、オンラインで受講可能な独自の修士プログラム、大学・大学院への派遣、コンテンツパートナーと連携したさまざまなeラーニングに加えて、実務経験を積むことができる社内インターンシップの機会を提供しています。

　このような育成投資は、自律的な学習を促すものでなければなりません。前述の通り、求められるスキルと人材の双方が多様化する中で、一人ひとりの特性やスキルニーズに応じて育成体験をカスタマイズすることが重要になります。当該企業においても、業員の自律性に基づき一人ひとりが目指す役割などを選択することができ、キャリア設計に応じて柔軟に育成機会を組み合わせて活用することができます。

また、企業に求められる人材投資は、育成プログラムのみではありません。多くの企業では日々の業務に忙殺されるあまり育成に時間を割けないことを課題としています。そのため、人材の価値向上を実現するためには、同時に自動化や効率化などを通した余剰の創出も求められます。

・ダイバーシティとコラボレーションの促進

　個々の人材やスキルの育成に対する投資に加えて、チームとしての価値創造を高めるための投資も重要になります。

　異なるバックグラウンドや価値観をもつ多様な人材を組織に取り入れる「ダイバーシティの促進」は、新たなアイデアの創発を促し、組織としての対応力を高め、業績向上に寄与すると考えられています。
　HBR（ハーバード・ビジネス・レビュー）が行った調査（「How and Where Diversity Drives Financial Performance」[2019]）によると、ダイバーシティが進む企業はそうではない企業と比較して、約10%程度高い採算性を実現できており、より多くのイノベーションを生み出しています。ダイバーシティを促す採用や人材配置、キャリア開発などの投資は当事者個人の人的資本の向上のみならず、エンゲージメントの改善などを通して組織全体に対してもポジティブな影響を与えると言われています。

　多様なチームの価値を引き出すためには、コラボレーションを促す仕掛けも不可欠です。既存の要素同士の新たな掛け合わせを生み出す「新結合」型のイノベーションを促進するためには、人材間の交流・マッチングを促すとともに創造性の文化を醸成することが求められます。

ダイバーシティやコラボレーションを促すことによる効果は、自社内の環境に限定されません。他社との連携・アライアンスやコンソーシアムなどを通した協業、産官学連携などさまざまな連携を人材投資の機会と捉えることが重要です。

・イノベーションを生み出すための「余裕」の創出

　最後に、価値創造を実現するためにはルールや仕組みの整備だけではなく、偶発的なイノベーションを生み出す「余裕」が必要になります。一部のテクノロジー会社では「20％ルール」や「15％文化」として知られる制度があり、従業員は日々の業務を離れて一定の時間をイノベーションに割り当てることが奨励されています。

　当該時間内においては、新しいアイデアの創造や新規技術の習得などさまざまな取り組みを自発的に行う自由が与えられます。これらの取り組みを通して、数々の革新的な製品が生み出されています。

　あるテクノロジー会社では、2013年より独自のイノベーションプログラムを促進しています。従業員であれば誰でも参加できるこのプログラムでは、希望者に対してイノベーションの方法論やツール、コーヒーとお菓子に加えて、プロトタイプの作成などに利用できるプリペイドカードが収められたイノベーション・キットが配布されます。参加者はこのイノベーション・キットを用いて、自らの担当業務に縛られず自由にアイデアを探求し、資金調達までつなげることができた場合は次にステップに進むことができます。これまで数多くの従業員がプログラムに参加したなかで、資金調達まで進む案件はごくわずかですが、本プログラムは失敗を許容し推奨している点に特徴があり、この許容可能な損失を重ねることで優れたアイデアを誘発し同時にイノベーティブな人材を育成

することを目指しています。

　人材投資を価値創造につなげるためには、上記のような仕掛けを合わせて検討することが効果的と考えます。

　本章では、「価値創造を実現するための人材変革」と題して、価値創造と人材を取り巻く背景、日本企業における人材投資の実態、変化する人材スキルニーズ、および人材投資を価値創造につなげるためのポイントについて解説しました。
　多くの企業にとって、人材は競争力の源泉であり最大の無形資産です。慢性的な人材不足が顕在化する日本においては特に、人的資本の効果的な管理が企業価値経営を実現するための重要な要素になります。

第7章
テクノロジーを活用する

第7章のサマリー

　定量的には金額（単位：円）に限定された経営管理となっている現状から、各種比率（単位：%）やGHG排出量・削減量（単位：ton）などその他の指標へと接続することで、より定量的・科学的な管理へと昇華させるという期待も、テクノロジーが価値創造経営として貢献する可能性として秘めたものと言える。新たなテクノロジーを最大限活用し続けるためにも十分な備えを整え、推進していくことが求められる。

1. テクノロジーを活用するとはどういうことか

　次から次へと新たなテクノロジーが生まれてくる現在において、自社にとって有益な使い方を見出し続けることが必要である。そのためには、個々のテクノロジーの適合性以前に、組織としてテクノロジーにどう向き合うかという点で2つのポイントが重要となる。

①確実に見通せる未来でもなく、全く読めない不確実すぎる未来でもない、現在のテクノロジーが示す変化の兆しを捉えた可能性の見える範囲を定めること
②使った人が発する興奮が未使用の人には伝わり切らない可能性も想定し、新たな技術に対する理解と体感を得ること

2. 可能性の見える範囲の議論

　ブロックチェーン、XR／メタバース／デジタルツイン、生成AIの3つのテクノロジーを例に、可能性の範囲を議論した。

①ブロックチェーン：自社以外のGHG排出量管理をユースケースの皮切りに、財務関連以外についても情報管理範囲が拡大し、また情報を社外と共有することで高度で複雑な企業運営が求められる可能性
②XR/メタバース/デジタルツイン：生産現場における物理現象理解を模した、非財務指標も含めた経営管理の定式化と分析の可能性
③生成AI:記憶容量と論理構築スピードで一人の人間を凌駕する生成AIを前提とする、業務変革の圧倒的な高速度化と業務の全自動化の可能性

3. テクノロジーの進化に追随するために

　新たなテクノロジーの発生に対して、それを理解し、使えるようになるというエンジニア寄りの組織能力が必要となる。何を目的に活用され、自社のIT基盤にどう整合させ作りこむか、どのベンダーのサービスが適しているか、技術的側面から理解し評価する能力である。

　それらをただ1人が保有しているだけでは、その能力が活用されることはない。その能力を最大限に生かすための仕組みが必要となる。

①期中に突然発生した新技術に対応する予算と社内工数としての余力
②失敗を許容し、チャレンジを促進するための仕組みと予算
③個々人の能力の限界を超え、相乗効果を生むための社内での育成と採用、およびそれらのバランス

●新しい技術への理解と体感

前章まで、価値創造経営とは何か、なぜ重要なのか、またその実現に
あたっての価値構造の拡張および将来志向とは何かを論じてきましたが、
そこでは過去や現在に固執しすぎることなく将来を見通して判断するこ
とを目指すという態度を示しています。本章においてもその将来を見通
して判断する態度にのっとり、確実に見通せる未来でもなく、全く読め
ない不確実すぎる未来でもない、現在のテクノロジーが示す変化の兆し
を捉えた可能性の見える範囲でテクノロジーを概観し、VUCAの時代へ
の備えについて議論します。

2020年、いわゆるコロナ禍が世界を襲い、同時に新たなテクノロジー
に注目が集まる結果にもなりました。COVID-19の脅威や影響、対策が
まだまだ未知数であった中、春ころから急激にテレワーク（在宅ワーク）
へ舵をきる企業が出始めました。テレワークの実現において最も重要な
テクノロジーはWeb会議システムと言えるのではないでしょうか。
その技術群の原型は西暦2000年前後に開発されていましたが、約20
年を経て急激にWeb会議システムを前提としたテレワークが広がり、
2020年以前の技術的有用性に対する認知度や、コロナ禍以前から進めら
れてきた国・都道府県レベルのテレワークの推進活動とは対照的な変化
を見せています。

なぜこのWeb会議システムの活用が広がったのかという観点では、個
人利用のレベルを超えエンタープライズで活用できるレベルまでテクノ
ロジーが進化していたことや、コロナ対策という必要性が最大の要因と
するのが妥当と考えられます。

さらには、使い始めた後で定着した、あるいは定着しつつある、というのはなぜか、という点にも注目すると、「使い方に不安があったがすぐに慣れることができた」「使ってみるととても便利だった」など、使ってみたからこそ分かるポジティブな側面というものがあったからだと考えられます。

　それらは、サービスベンダーがマーケティング活動の中で喧伝していた要素ではありましたが、使ってみたからこそ腹の底から分かった、ということが何より重要だったのではないでしょうか。

　Web会議システムというテクノロジーにより、今や、物理的空間あるいは距離の重要性や制約から解き放たれ、新しい仕事のスタイルに変革できたことを実感していることと思います。

図表 7-1：現在のテクノロジーが示す変化の兆しを捉えた可能性の見える範囲

不確実性のレベル		
Level 1	確実に見通せる未来	
Level 2	他の可能性もある未来	可能性の見える範囲 VUCAの時代への 備え
Level 3	可能性の範囲が見えている未来	
Level 4	全く読めない未来	

会議を録画しておき後から情報を得るというのも議事録を読むだけより深みのある理解につながりますし、録画に対して倍速再生を活用して効率的な情報キャッチアップを実現している方もいるでしょう。これは時間的な制約をなくすとまではいかないものの時間制約を緩和する意味では有効です。

　もちろんテレワークを進めてくるにあたって、モチベーションやメンタル面、特定の業務内容における生産性など負の側面もありました。それらに対してもさまざまな対策が検討・実施され、より良い使い方が模索され続ける将来において最適化されていくものと期待されます。

　新技術に対して、記事を読んだり、話を聞いていたりしていただけのころから大きく変化して、使ってみたからこそ腹の底からその利点が分かった、という経験が誰しもあるのではないでしょうか。
　スマートフォンが登場しPCがなくともメールやさまざまなアプリが使えるようになったこと、文章作成ソフトや表計算ソフトやそれに類するアプリケーションに対してただ一人だけが作業していた時代からファイルを共同作業できるようになったこと、メール件数が多すぎて対応に苦慮していた時代からチャットツールが登場してテキストコミュニケーションの形が変わったこと、など**使った人が発する興奮が未使用の人には伝わり切らない**ケースがさまざまありました。

　AIやブロックチェーンなどさまざまな新しい技術群が詳細を列挙しきれないほど多く発生する近年、特にその新技術の発生頻度が急激に高まっている現状において、それら新たに発生し続ける技術群に対してどのように向き合っていくのが良いのでしょうか。
　価値創造経営をその実現にあたってテクノロジーが最大限活用される

未来とともに考えてみたいと思います。

● 生成AIによりAI・Analyticsが身近なものに

　事業戦略的にも、業務オペレーション的にも、さまざまな形で人工知能（AI）の活用が進みつつある昨今において、執筆時点で特に注目を浴びているのが、生成的人工知能（生成AI／Generative AI）です。

　2022年後半から、LLM（Large Language Models／大規模言語モデル）をベースとした生成AIが、ビジネスの世界で注目度を急激に高めてきています。さらに、世界規模で支配的な影響力を持つ巨大IT(情報技術)企業群を中心に、資料作成、分析、コミュニケーション、プログラミングなど各社が提供しているサービスに対して生成AIをベースとした革新的な機能追加を公開しています。これは過去に類を見ないスピードで変化している状況とも言え、さらにそれはビジネスの大変革期であると考えられ始めています。

　その期待値が高い反面、生成AIには負の側面として、新たなサイバー犯罪や著作権侵害、機密情報の漏洩、製造物責任、大衆扇動、社会構造や個人への影響などさまざまな視点からのリスクが懸念されています。

　しかし、利用者数の急増や期待される価値の高さといった急速な関心の高まりに比例し、EUや各国レベルでの規制の検討等が迅速に開始されている状況であり、強力な成果が期待されるものでもあります。ビジネス環境で安全に活用できる状況となるのにそれほど時間がかからないと考えることもできるのではないでしょうか。

　ここでは、それら**各テクノロジーに潜むさまざまなリスクを乗り越えた先**にある、生成AIを含むいくつかの注目されている技術群が最大限活

用された姿を検討することにします。

● 意思決定に利用する情報の範囲を拡大する

　経営の意思決定に利用する情報／データの範囲について考えることから始めましょう。

　現在、さまざまなBIツール等を利用して経営ダッシュボードの作成が進められていたり、活用されていたりしますが、経営ダッシュボードに含まれているのは、およそ過去から現在までの自社内の情報、しかも財務関連情報というのがほとんどです。その社内の財務関連情報をダッシュボード化するだけと言っても、社内に散在する情報をどこからつなげるのか、どのようなビュー（見せ方）で表現することが有益なのか、といった議論や準備に相応の労力がかかります。

　ここでは、意思決定へのインプット範囲を広げていく、という目線で新たなテクノロジーに期待する役割を考えてみましょう。

　まず、将来志向と称しているように、時間軸としてのインプット範囲を広げ、未来の情報を活用した意思決定を目指します。

　未来については確実な情報はありませんから、適切な予想や予測をする必要があります。ここは、現在利活用が進められているAIやAnalytics技術（統計的手法）に期待される領域です。第5章で議論した計画予測シミュレーション要素としての需要予測AIや原材料の価格予測AIなどが含まれるでしょう。それらの予測をもとに、販売計画や生産計画、人員配置など意思決定をより科学的なアプローチとして適正化します。

　それら計画案が策定され、経営陣に届く際にはさまざまなデータをも

とにAIやAnalytics技術でつくられる科学的アプローチの結果と、各部の責任者が覚悟を込めた意思入れと呼ばれる部分が混在した集合体として情報が届くことになるでしょう。

　AIを最大限活用した未来においては、経営陣による最終的な意思決定において科学的アプローチで説明されている部分の判断が不要となり、組織としての意思の適正性のみを判断すればよいため、判断時の議論をより深いものとして高度化させていくことができます。
　さらに将来の予測値の信頼性（精度）が高まり、その後に行う発注等の対応判断については、意思決定や判断を介さず、特定のアルゴリズムの下で完全な自動化が実現する領域もあるでしょう。将来を予測したやり方への変革が目指す1つのあり様です。

　一方、情報の範囲が、**財務情報が中心となっている現状から非財務情報、さらには外部情報に目を向ける**という必要性も高まってくるでしょう。
　社内の非財務情報として、顧客データの収集状況や人材力としてのコア人材数、スキルや研修の状況といった人的資本情報、既存生産拠点における温室効果ガス（GHG）排出量など価値創造マップから設定されるKPI群も経営者が適時把握しておくことが求められてきます。
　社外の情報としてはPESTEL（Political［政治］、Economic［経済］、Social［社会］、Technological［技術］、Environment［環境］、Legal［法律］）の視点から、さまざまな情報を把握する必要があります。
　原油や小麦などのコモディティ価格は直接的／間接的なさまざまな経緯で調達計画に大きく影響を与えるでしょうし、部品メーカーにおいては完成品の海外または特定地域の市場動向が自社の生産計画に対する先行指標になるかもしれません。あるいは原材料等の調達元となっている特定の国や地域における人権問題が不買運動に発展するリスクに備えた

監視などが必要になる場合もあるでしょう。

　戦争の勃発や新型コロナの流行などはインパクトも大きく事前検知できることが望ましいものの、それら特定の事象の発生を直接予測することは非常に難しいところです。その一歩手前として何らかの情報収集をし、備えておくことは今日でも日常的に行われているのではないでしょうか。

　役員や管理部門社員の経験に基づき、人力での情報収集と分析を行っている情報についても、情報の自動収集から分析を含めたダッシュボード化について議論が進められています（図表7-2）。

図表 7-2：情報活用範囲の広げ方

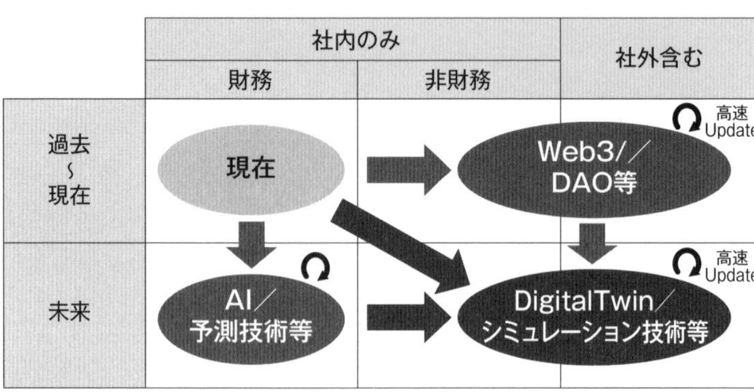

●外部情報を把握する

　「脱炭素経営とは、気候変動対策（≒脱炭素）の視点を織り込んだ企業経営のこと。従来、企業の気候変動対策は、あくまでCSR活動の一環として行われることが多かったが、近年では、気候変動対策を自社の経営上の重要課題と捉え、全社を挙げて取り組む企業が大企業を中心に増加しております」（環境省HP）とされており、GHG排出量の把握として、その算定方法のガイドラインが公開されています（2023年3月：サプライチェーンを通じた温室効果ガス排出量算定に関する基本ガイドライン［ver.2.5]）。

　そこでは、米国の環境NGOなどが策定したGHGプロトコルを踏まえ、原材料調達・製造・物流・販売・廃棄など、一連の流れ全体から発生する温室効果ガス排出量をサプライチェーン全体にわたって把握、削減していくことを目的としています。そして事業者のサプライチェーンにおける事業活動に伴って発生する温室効果ガス排出量全体に対し、3つのスコープを定義して算出することとしています。

・Scope1：事業者自らによる温室効果ガスの直接排出(燃料の燃焼、工業プロセス)
・Scope2：他社から供給された電気、熱・蒸気の使用に伴う間接排出
・Scope3：Scope1、Scope2以外の間接排出(事業者の活動に関連する他社の排出)

　Scope3に定められる他社の排出には、購入した製品・サービス、調達や出荷の物流（自社が荷主の輸送も含む）や自社が販売した製品の使用や廃棄、自社がフランチャイズする加盟社の活動などが含まれます。

　そして、「排出量の正確な把握やサプライヤーと連携した排出量の管理

という観点からは、自社が購入・取得したすべての製品およびサービスの資源採取段階から製造段階において関係する**サプライヤーすべてから排出量データを提供してもらうことが望ましい**」としています。すなわち直接取引のある1次サプライヤーのみならず、さらに先の2次・3次サプライヤーとさかのぼり、広く自社以外の排出量を把握することを求めているのです。

　ここにブロックチェーン技術に対する1つの期待があります。ブロックチェーンは、従来型の中央集権的な信頼の担保から、第三者によらず非中央集権的に信頼を担保する技術と言えるものであり、ブロックチェーンを基に実現する分散化の進んだインターネットをWeb3.0と呼んだりするようにもなってきました。

　ブロックチェーンを用いれば、排出量や契約データの文書化や交換にあたり、暗号化を通じたデジタルデータレコード間のリンクが可能で、また気付かれずに変更されることもありません。サプライチェーンのすべての参加者がいつでも情報の統合、送信、確認を追跡できると同時に機密情報を保護することが可能になります。

　また、これまでの取引のように、取引関係のある1対1の閉ざされた情報交換ではなく、公開されたデジタル空間内でのN対Nの情報交換となるため、直接取引のない2次・3次サプライヤーに関する情報リーチを容易にするとともに、その結果としてScope1/2/3すべてを見通した際にCO_2削減の取り組みとして最も効果的な対象を特定することも容易にします。

　パイロットプロジェクトの中には、GHG排出量に加えて、労働条件、人権、環境保護、安全、企業倫理、コンプライアンスに関する情報も含めることで、直接の取引先を超えたサプライチェーンの透明性確保を検討しているものも生まれ始めています。

ブロックチェーンというと暗号資産がその代表例ですが、それら市場の低迷をよそに、産官は日本のデジタル敗戦挽回の契機としてWeb3.0に注目し、ユースケースも広がりつつあります。

　内閣府「新しい資本主義のグランドデザイン及び実行計画（令和４年６月７日）」においても、「Web3.0の推進に向けた環境整備について、検討を進める」とされており、さらなる進展が期待されます。アニメやゲームといった日本のコンテンツ産業はWeb3.0との親和性が高いという指摘もありますし、暗号資産市場は低迷傾向とはいえ、NFT/DeFiといった金融系のユースケースも含めてさまざまな活動が進められています（図表7-3）。GHG排出量のような財務以外の情報を皮切りに非中央集権的な（公開された）会社間情報共有が始まり、企業間取引など財務データでの活用へと広がりを見せてくるのかもしれません。

●管理情報間の関係性を理解し、活用する

　現在の経営管理は財務情報（数値）を主に管理しており、その計量単位がお金（円）と共通のものになっていて、また各種指標間の関係性が会計制度として厳密に定義されています。

　そのため、役員や管理部門内に共通理解があり、議論するにあたっても１つの施策が与える影響範囲や規模についてイメージしやすく、空回りすることなく議論を着地させることができています。

　一方、価値創造マップに登場する非財務指標、例えばオープンイノベーション件数（単位：件）や多様なダイバーシティ属性比率（単位：％）、あるいは既存生産拠点におけるGHG排出量・削減量（単位:ton）などは、それぞれの単位も異なり、関係性を理解することが難しく、共通認識を

得るというのが困難です。特にそれらの定量的な関係性が不明確です。

第4章で議論した価値創造ストーリーを可視化した後、相関関係を分析（モデル化）し予測へ適用することで管理可能にする方法がその一助となるでしょう。

さらに管理範囲を広げ、例えばサプライチェーンを通じた自社以外のGHG排出量なども含めてその影響を評価しようとすれば、格段にその複

図表 7-3：Web3.0 を構成する主要なユースケース

非代替性 トークン (NFT)	・Non-Fungible Tokenの略称 ・ブロックチェーン上に記録された売買可能なトークンを指し、各トークンが一意に識別可能で代替が不可能という特徴を持つ（偽造不可な鑑定書および所有証明書のような役割） ・プラットフォームを跨った利用が可能で、二次流通時の著作権者への収益還元などさまざまな機能をプログラム可能
分散型金融 (DeFi)	・Decentralized Financeの略称 ・金融機能を非中央集権的に提供するサービスを指す ・Web3.0は、ブロックチェーンによる非中央集権型のバーチャル上におけるP2Pでの価値のやり取りの活発化が想定され、ブロックチェーン上のデジタル通貨である暗号資産の利用が前提となる
分散型ID (DID)	・Decentralized Identifierの略称 ・管理主体が介在せずに個人が自身のアイデンティティーをコントロール可能にするためのデジタル識別子を指す ・属性情報を最小単位に切り分け、必要十分な識別情報のみを開示することが可能
分散型 自律組織 (DAO)	・Decentralized Autonomous Organisationの略称 ・中央集権者が存在せず、プログラムとして記載されたルール（スマートコントラクト）に基づく合議により運営される組織を指す

雑さを増すことになります。1つの施策や仮説の影響分析をストーリーとして語る限界がやってくるでしょう。

お金（円）では説明できない、さまざまな要因（件・%・ton等）の一連の流れが企業価値に影響を与える関係性を評価する必要性、すなわち、どこに風が吹けば桶屋が儲かるのか、町にいる猫が何匹までであれば桶屋が儲かるのか、風速何m以上あれば桶屋がいくら儲かるのか、シミュレーションする必要が出てきます。

また、桶屋も風が吹いただけでは桶を作りません。風速何m以上など、さまざまなシミュレーションの結果を知り、腹の底から理解したとき初めて精力的に桶を作り出すのではないでしょうか。

●経営のデジタルツイン化

さまざまな単位であらわされる要素を複雑に管理、シミュレーションするため、製造業の生産現場・工場においては、温度（℃）・湿度（%RH）・圧力(Pa)そして設備の稼働状況や人流などをインプットデータとして、デジタルツインやXR（ARやVRの総称）の技術を活用して設備設計あるいはオペレーションの高度化、品質向上に役立てられています。

工場に限らず、建物のデジタルツインとしては工期短縮・品質向上・予防措置などに、エリアマネジメントとしては交通・人流、エネルギー等を可視化し、施設運営等の効果検証に、あるいは公共分野では東京都などにおいて都市全体の課題解決、住民サービスの向上のためデジタルツインに注目しています。

フィジカル空間（現実空間）をサイバー空間（仮想空間）に再現し、双子（ツイン）を構築することで、さまざまな関係性を、これまでは点

（数値）、あるいは平面の地図上（xy座標系）に表現するにとどまっていたものから、3次元空間にも表現の幅を広げ、AIの活用による時間的な変化を含む高度な分析・シミュレーションを可能にするものと期待されています。

災害時の浸水・内水氾濫シミュレーション結果を見てみると、ただ1つの数値として何mの浸水があると指摘されるのとは大きく異なる説得力や、細い路地などを含む目の行き届いた高精細な影響分析を実現できることが分かります。

工場の設備や浸水時の水の流れなどの物理現象は、自然科学の理論（定理や公式）に裏打ちされた計算できるものを含んではいますが、設備Xの温度xと、設備Yの品質指数yの関係を計算式で理論的に表現するのは難しいです。

なぜなら、物理現象の複雑さが現実世界への適用を困難にすることもしばしばだからです。yとxには関係がありそうだ、とあたりを付けるのは現場のカイゼン活動の1アクションであり、実験や生産を重ねながらyとxの関係性 $y = ax$ の係数aを精緻化していくのもカイゼン活動の重要な要素です。さらにその関係性が、実は $y = ax + b$ であると分かったとき新たなイノベーションとして発展していくかもしれません。

価値創造マップに登場する非財務指標に対しては、定式化された一般理論はありませんが、議論の結果として合理的と思えるストーリー（関係性）を定義することができます。

その結果として、一次仮説としての定式化がなされ、シミュレーションの高度化や実績値の累積を経ていく中で価値創造ストーリーの強化と、そのストーリーを前提とした価値向上のキードライバー改革を進めることになります。

さまざまなデータ（KPI）と関係性を整備し、シミュレーションできるようにすること、そしてそれを単なる数値ではなく、より精細なビジュアルに表現することで実感をもった影響理解で意思決定できるようにするものがデジタルツインやXRと言えるでしょう。まさに経営を科学にするための「経営のデジタルツイン化」という将来像がイメージされています。

●変わり続けるスピードを上げる

　意思決定に利用する情報の範囲を拡大したり、複雑化する管理情報間の関係性を理解し活用したりすることなど、価値創造経営の目指す姿には複数の側面があり、そこに至るテクノロジーも多様です。何を最終形態として見据えるか、どの道を歩んでいくかなど検討すべき要素も多くありますが、その順序が定まったときに、いかに最高速度でそこに到達するかという観点が重要になります。また、そこに到達しても、自社に限らず外部環境も時々刻々変わっていきますので、変わり続けることが求められます。

　法律や会計制度、税制の変更など公的機関からの要請や、調達あるいは販売先からの取引条件等の変更から発生するような、外部起因で業務やシステムに変更や改修が必要になるということも永続的なものと言えます。自社内の新製品やサービス変更もオペレーションや意思決定に必要な判断材料の変更を必要とすることがあるでしょう。

　したがって、**目指すべきは、ただ１つの美しい業務やシステムの在り方としてのゴールではなく、社内の要請や外部起因による変更影響を速やかに検知・特定し、短期間で新たな業務やシステムの状態に変革でき**

るようになっていることです。

　この業務改革やBPR（Business Process Re-engineering）、あるいは
システム開発というプロジェクト活動は、現在、多くの人手と時間を使っ
て実現されており、業務の高度化が進められていますが、そこには人間
の限界があります。

　間接材などの調達を例に考えましょう。需要部門からの需要の発生か
ら始まり、見積書という書類の流れ、発注されるそのモノの流れやそれ
にまつわる検品等の人間の作業、支払いというお金の流れなどさまざま
な検討要素があり、多くの部門や担当者の手を介して調達プロセスが実
現しています。その業務の細かなルールも含めたすべてを一人の人が理
解しておくのは困難ですし、一人の人が覚えたり、PJメンバー全体で情
報共有するためのマニュアルの読み込みや担当者からのヒアリングには
時間がかかります。

　プロセスを組織単位などのいくつかのカタマリに分解し、そのカタマ
リごとのやり方を文書化（要件定義書・業務フロー等）して、部署間連
携の相互接続確認を経て業務側の整理としています。それをもって、シ
ステム側（IT側）がシステム化するための情報整理（詳細設計）を行い、
開発（プログラム作成等）とテスト（テスト計画・テストデータ等）を
行うことで、BPRとシステム開発が実現し、新業務として運用が開始さ
れます。
　何十〜何百人の人の知識と文書化作業、そして何か月から時には年単
位の時間がかかることも少なくありません。**一人の人が業務のすべてを
理解することが現実的に不可能**だからです。
　業務側の要件には、なぜその業務のやり方であるか、という理由があり、

それは会計制度からくる要請や、取引先との取引条件によるものという場合もあり、特定の専門知識が求められます。システム側においても当然にしてプログラミングを含む多様な専門知識が求められます。それぞれで**求められる専門知識すべてを保有する人というのも現実的には存在しない**と考えておくべきでしょう。

　そのように多くの人手と時間を要するプロジェクト活動を、より省人化／高速化／高度化（網羅性の確保等）した形へと進化させる可能性を秘めたテクノロジーが生成AIと言えます。

　必要な専門知識を一人で吸収し、業務のやり方すべてを理解する可能性を秘めた存在とも考えられるものです。まずは、その生成AIに期待されることについて概説しましょう。

生成AIを活用した業務改革プロジェクトとは

　1つの質問にただ1つの回答をするような従来型のITシステム、検索機能あるいは応答系AIを超え、**生成AIは前提や会話の流れを理解し、内容を深掘りすることが可能です。そして人間からの依頼に応じたテキスト（自然言語の文章）、プログラム、画像や動画、音声や音楽、などを生成する**ことができます。なかでも業務改革に活用する際には、テキスト、プログラム（コード）を生成する能力が重要となります。

　ここでは業務改革プロジェクトを5つの工程で考えることで、生成AIへの期待について議論します。5つの工程とはすなわち、**①要件の整理、②要求仕様の定義、③採用するテクノロジー（ソリューション）の選定、④システムの設計／開発、⑤テスト**　です。

①要件の整理

　まず、実現したい事柄を網羅的に整理します。多くの場合、既存の状態をAsIsと呼んで整理したのち、**効率化・高度化要求個所を特定したり、法対応や会計制度や税制変更、取引条件（調達先／販売先）などの社外要求からの影響個所を特定したりすることで、ToBeとして更新**します。

　AsIsが整理され、最新化された状態が維持できていれば、それを前提に追加要件を生成AIに伝えれば最新化された要件として再整理されることが期待できますので、それほど手間はかかりません。

　しかしながら、実態として現在そのように最新化され続けている組織が多いとは言い難いでしょう。生成AIでの業務改革をひとたび開始すれば、その要件書をスタートとして、永続的な最新化が実現されるかもしれません。

②要求仕様の定義

　前段の要件をもとに、**業務をどのように行うか文書化し、システム側担当者が理解できるような状態にする**ことを目指します。

　例えば業務フローという文書では、部署間や人間＝システム間の役割分担定義や、確認や承認行為の職位や実施タイミングを定義します。確認行為の定義として、その判断基準を文書化することもこの工程までに実施することが必要です。

　一方で、この工程のゴールは、システム側担当者が設計／開発ができるよう理解することですので、生成AIがすべてを担う未来を創造するにあたっては、不要な工程なのかもしれません。要件が整理できて、そこからプログラミング（コード）が生成できるのであれば、この工程は不要となります。生成AIを活用した業務改革において必要な文書がどれであるかを特定していくことも、今後求められていくことになるでしょう。

③採用するテクノロジー（ソリューション）の選定

　前段までに定められた要求仕様、あるいは要件をもとに、テクノロジー（ソリューション）を選定しますが、ここではプロジェクトの目的が要件の整理着手前から定まっていますので、会計システム、人事システムあるいはAI／分析基盤など、あるカテゴリーの中から最適なソリューション（サービスベンダー）を選択する、という行為を想定します。

　会計システムにさらにブロックチェーンを活用してより高度なものにする、といったような最新の技術カテゴリーにチャレンジするようなケースについては後述することにします。

　この最適なソリューションを選択するにあたっては、RFP（Request For Proposal）を発信するなどして、ベンダーからの提案を複数受領、選定するというプロセスを経ることが多いでしょう。

　前段までに要求仕様を定めていたとしても、その前提事項から要求仕様までを受領するベンダー側にとって理解可能な文書としてRFPを準備し、ベンダー側の提案準備期間、受領後の選定および意思決定期間を合わせると、1〜2カ月の時間を要することも少なくありません。

　生成AIはゼロベースでの文章生成に限らず、既存の文書を要約する能力も具備していますので、要求仕様からのRFPへの要約、（ベンダー側作業としての）RFP理解と提案資料作成、複数提案のサマリ作成と評点レコメンド等、ソリューション選定を極限まで効率化してくれることでしょう。

　ところでソリューションの選定においては、業務側の要望のみならず、自社内のシステム上の制約など加味して選定する必要があります。

　「非機能要件」と呼ばれるセキュリティや性能に関する事項等はRFPに含めて整理しますが、それ以外でも、例えば利用開始して以降の保守や軽微な改修など社内にそのソリューションを操作できるエンジニアを

配置する必要性に対して、育成や外部委託の方針など定めることが求められます。これらは、特定のプロジェクト単体で定まるものではなく、他のプロジェクトやソリューションとの技術的な近さ（必要な研修時間や難易度等をふまえた技術を社員が獲得する容易さ等）などと整合させていく必要があります。

　あるいはテクノロジーやソリューション（ベンダー）の隆盛を振り返りつつ、そのソリューションを選定することが将来にわたってリスクがないかを判定することも必要です。これら業務側の要求事項から離れたテクノロジーの観点においては、その**テクノロジーの目利きとして人間が果たす役割が重要**となり続けるのではないでしょうか。

④システムの設計／開発
　前段までに定められた要求仕様、あるいは要件をもとに、システム化するための設計書を作成し、プログラム（コード）を生成します。「②要求仕様の定義」と同様に、設計書は不要となり、プログラム（コード）のみが必要なアウトプットとなるでしょう。

　ソリューションによってはプログラムというより設定情報といったほうが適切かもしれません。それでもソリューションベンダー側が開発ツールとして生成AIを組み込んだツールを用意することで、要求仕様を投入すると設定作業手順書などとして書面どおりに作業すればすぐに使える状態を実現してくれるかもしれません。

　なお、生成AIはテキストやプログラム（コード）をアウトプットするまでを射程としており、それらを適切なフォルダやプログラムの該当箇所に書き込んだり設定したりするような操作機能は保有していません。

　したがって、ここでは人間が作業する前提で議論していますが、そこを超える新たなテクノロジーが生まれてくる可能性にも期待したいところです。

⑤テスト

作成されたプログラム（コード）に対して、要求仕様あるいは要件に沿って正しく動作するか検証するために必要な網羅的なバリエーションとしてテストケースを定義し、必要なテストデータを生成し、開発されたシステムをテストします。

現状では、複雑大規模なシステムに対して、コスト／開発要員（人数）／期限などの制約から、真に網羅的なテストとはせず、効率的なテストと称して他ケースと同等などの合理的な理由があるテストケースに対してはスキップすることがあります。ケース作成、テストデータ準備などそれぞれのステップで生成AIが活用されることで、**準備作業の効率化（作業量の低減、期間の短縮）に加えて、テスト品質の向上（網羅性の向上）も期待**できるでしょう。

●小さな利点：自動化範囲の拡大

会計システムなど大規模なシステム開発において、「自動化率」というKPIを設定してプロジェクト化することがあります。その時点でシステムを利用した業務運用における人間作業の量を基準として、プロジェクト終了後の人間作業の量がどれくらい削減できているのか、という目標値です。

プロジェクトメンバーは、できるかぎり自動化したいと考えて要件を整理し、システムとして作り上げていきます。他方で、プロジェクトには予算や人数（工数）、期限といった制約条件があり、その範囲内でできることにとどまってしまうため、いくつかの自動化したい要望に対して断念せざるを得ない、というのが実情でしょう。

プロジェクト前において時間を要していた作業から順に優先順位を定

め、制約条件に適う範囲で自動化させるにとどまります。それなりに削減したい作業量はあるのですが、プロジェクトの予算や期間の制約条件下では投資対効果が合わず、自動化に含めることができない、というものが残るということです。

その残った自動化要望に対する願いに応えるものの代表として、RPA（Robotic Process Automation）が挙げられるでしょう。

大規模な基幹システム向けパッケージなどに比べ、簡易なツールであるRPAは短期間での要件整理や開発が可能であったため、その隙間の願いに応えることができました。とは言いながら、一定の要件整理や開発行為があるため、投資対効果の観点からも自動化要望のすべてを実現するには至らない、というのは規模の大小はあれど大規模システム開発と同様です。

いかに要件の整理や開発を簡素化していくか、というのはまだまだ続く重要な課題認識と言えます。それこそが、自動化の取り組みを効率化する生成AIへの期待が高まる1つの背景と言えるでしょう（図表7-4）。

●生成AIを最大活用させるための人間の役割

業務の変更要求を生成AIに伝えさえすれば、業務要件を再整理する生成AIからプログラムやテストをこなす生成AIに連携し、最終的には自動で新システムが刷新され、人手を介さずとも新業務の運用が始まる未来、というものがやってくるかもしれません。

システムが変われば、それを利用する人間のサポートも含めてAI側が完璧にフォローしてくれる未来です。もしその未来を期待するのであれば、現時点ではその技術が開発されるのを待つ、というのも一案です。

他方で、AIというものの技術的限界や、責任分解の議論などから、一定の範囲で人が確認する工程がないと、その刷新が実装されないというものもあり得る未来の一形態です。それは、BPR・システム開発といった変革プロセスにおいてもそうですし、業務オペレーションとしての運用が始まった後においても同様です。

　メールやチャットを通じて、文字入力する、という作業を日々行っています。
　文字入力においては、漢字変換がつきものですが、同音異義語など漢字変換の正しさは機械に任せっきりにはなっていません。変換される候補の漢字が確からしい順番に表示されるので、人間はその中から適切なものを選ぶ、あるいは、候補となる二字熟語が複数存在する場合などはそれぞれの意味を国語辞典から引いたものが表示されるので人間が選択

図表7-4：生成AIが自動化範囲を拡大する

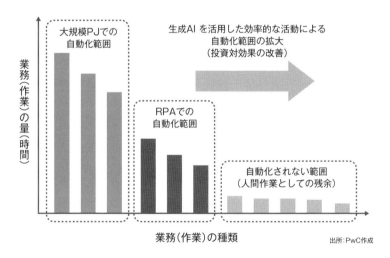

出所：PwC作成

する、という行為が日々行われています。

　それは、人間が適切な漢字を選ぶにあたって、選択する説明責任を人間が果たせるように機械がフォローする、確定した漢字の選び方に人間が責任を負う、ということを示しています。

　これは生成AIからのアウトプットを人間が確認あるいは承認するプロセスが残るという予測に対して示唆的な現状と言えるでしょう。そのためには、**生成AIのアウトプットの正しさ、あるいは選択肢間の違いを人間が理解できる必要がある**ということも示しているでしょう。

　前段で業務フローやシステム開発の設計書が不要になるかもしれないということに触れました。各工程において人間の承認を必要としている間は、人間がそのアウトプットを理解し、確認した上で次工程に進む必要があり、現行同様の文書類が必要となります。生成AIの最大活用を目指すにはBPRやシステム開発の工程の考え方からの抜本的な変革が必要となるのかもしれません（図表7-5）。

●持続的なBPRの先にある破壊的な進化

　個別部門に閉じた改革を現行同様の役割分担や開発プロセスを前提に進めていくことから始めることにします。

　現時点では、個別部門（例えば経理部門）の業務においても、グループ各社や事業領域ごとなど要件がばらばらで標準化しきれていないものが散在し、生成AIにインプットする必要な情報を集めるだけでも相当の困難があるかもしれません。

　生成AIが高速にBPRやシステム開発を進めてくれる将来においても、その複雑さは人間の確認が必要という制約条件を強くするため、将来の

生成AIに期待するとしても業務の標準化を進めていくことが望ましいと言えます。

　特に、表計算ソフトのバケツリレーや、特定個人の頭の中だけにある作業プロセスなどは、そもそもの作業結果の信頼性への疑義も含めて定型化・文書化しておくことが望ましいでしょう。

　実績より期待の大きい生成AIの現状においては、第一歩としての局所的な生成AIトライアルにとどめ、足元の標準化や定型化・自動化の推進

図表7-5：生成AIの業務改革（BPR）への活用〜省人化／高速化／高度化〜

	改革要件の整理	要求仕様の定義	設計／開発	テスト
実施事項	●法対応、会計制度／税制変更、取引条件（調達先／販売先）など社外起因も含めて、改革は永続的に発生する。	●他業務や他システムとの連携についてのすり合わせ、合意形成する。 ●多人数の関与が必要。	●プログラム（コード）を書く。 ●あるいは、システム上の設定をする。	●発生しうる状況を整理し、テスト計画とするとともに、必要なテスト用のデータを準備する。
生成AIに期待できること	■多様な要件をインプットに、要求事項を構造化、整理する。	■他業務（部署）やシステム情報を広範囲にインプットすることで、整合された最適解を特定する。	■プログラム（コード）を書く。 ■あるいは、システム上の設定内容を文書化する。	■網羅的なテスト計画（バリエーション）を文書化し、テストデータを作成する。

生成AIの最大活用時にも人間がやること	■生成AIのアウトプットを確認し、その正しさ（適正性）を承認する ■生成AIが作成した文書等の結果に責任を負う

にとどめたほうがよいケースも少なくないでしょう。

　小さく少しずつ自動化範囲を拡大するトライアルとすることで、業務の自動化（コストダウン）という目先の成果に加えて、生成AIを活用するための要件整理の仕方の理解を深め（知見の獲得）たり、整理された生成AI向けの業務要件（整理された文書）を得ますが、その文書によって重要な資産となる再利用可能性（将来への備え）も得ることになるでしょう。

　それ以降も継続的に生成AIを活用したBPRを進めていくと生成AI向けの業務要件が積み重なってきます。しかしながら、これはその時点の基幹システムのあり方を前提としたものとなっています。

　そこで次のステップとしては、人間の作業だけではなくシステム内でのデータの流れ・処理を含めたその業務部門の業務全体をまとめた要件として整理することを目指していきます。
　そして真に必要な業務（作業）を特定し、個別のAI/Analytics技術等の活用も含め、部門内で高度に自動化され、最適化された最高効率の業務を実現します。

　将来、基幹システムを刷新する際には、それら業務要件の一式が重要な資産として最大限に活用され、プロジェクトも効率的にすすめられ、より洗練された業務として実現されていくことでしょう。

　大規模なプロジェクトにおいては、部門をまたがる業務に対してそれら部門間の結節点での取り決めをするにとどまり、真の効率的な業務にすることが断念されることがあります。業務の流れにおける上流側で一

工夫すると下流側の業務が効率的になる、といった場合でも、プロジェクト期間の繁忙や調整範囲の広さゆえの実現の複雑さ、あるいは効果の発現部門（下流側）と投資部門（上流側）のずれにより投資対効果が説明できないなど、縦割りの弊害です。

　要件が複数の人の頭に閉ざされている状態から、1つの文書体系としてとりまとめられ、1つの生成AIが理解することになれば、部門ごと個別最適の業務から全社最適の業務へと革新することが可能となるでしょう。

　あるいは、グループ全社を見渡すSSC（Shared Service Center）を設置しているのであれば、個社最適からグループ最適へと変革していくことになります。

　ここでは、次のように、人間系で改革を進めた場合に障壁となるいくつかの要素を生成AIが克服してくれることへの期待が含まれています。

・人間には処理しきれない膨大な情報量の吸収
・人間が考えるやり方でおきる自動化可能性等の検討範囲の限界の突破
・複数業務／部門／会社をまたがるコンフリクトに対する考えやすい、
　安易な解決策からの脱却

●改革スピードがDXを生む

　全社最適を実現した全自動化業務は、継続的なBPRの直線状の将来にあるものではありません。人間の限界を超えた彼岸にあるトランスフォーメーションされた姿と言えるでしょう。

　そこには、オペレーショナルエクセレンスとしての新たなビジネスの根幹が芽生えているものと言えます。自社／自社グループに閉じたメリットにとどまらず、競合を凌駕し、時に吸収し、あるいは新たな業種／業

態へのチャレンジに向かう源泉となるでしょう。AIが学習を続けた先にある閾値（TP：ティッピングポイント）を越えたとき、真に学習成果を発揮してくれるようになることに似ています。

　テクノロジーの開発は、日進月歩で止まることなく進んでいます。他社が何をしているか分からないことが通常で、ある日突然その変化を知らしめられることになります。

　個人情報やプライバシーの保護などのテクノロジーは、その利用に関する制度の整備も進み、安心して使えるような環境が作られ、さらなる改善が進んでいますが、おおむねテクノロジーの利用のあとに事後的に制限が生まれてきたものと言えます。

　テクノロジーが公開され、その便益と同時に大きなリスクに焦点が当たり、利用が本格化するよりも前にその制限についてグローバルな議論が始まっている生成AIの現状は、珍しいケースと言えるのではないでしょうか。

　他方、法律や会計制度などは、突然施行されることはありません。法改正や制度変更が適用されるまでは、変更の決定から一定の猶予期間が設定されることが通常です。制度変更の立場からは、速やかに施行したい、というのが変更の狙いに適うものでしょうが、その変更を周知し、また実業側がその変更に対応するための時間が必要なため、やむなく一定の猶予期間が設定されていると理解するのが正しい態度でしょう。

　そこで、多くの会社が変革スピードをあげてきた場合、その猶予期間が短くなる可能性も考えられます。小さな会社は影響範囲も小さく対応できるかもしれません。大企業でも、変革スピードがTPを超えていれば対応できるでしょう。大きな会社でも変革スピード向上の競争に置いて

図表 7-6：全体最適化された全自動化業務への道
　　　　　～持続的な BPR と破壊的な深化／進化～

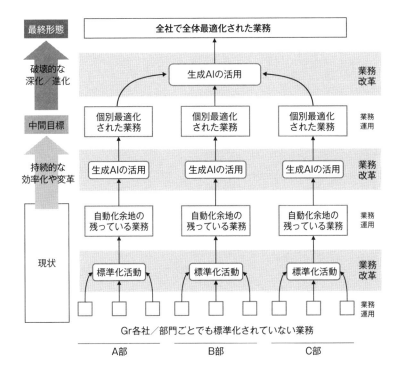

行かれると、制度変更に追随できず、社会からの信頼を損なうリスクが
生まれる未来がやってくるかもしれません。

●テクノロジーの進化に追随する

　新たなテクノロジーは一見、突然やってきます。猛スピードで生まれて、
数年で消えていくものもありますし、定着して当たり前に使われるよう
になるものもあります。

　次々と現れるテクノロジー（AI、ブロックチェーン、デジタルツイン等）
のどれを利用して、どれを保留しておくのが良いか、特定のテクノロジー
を利用するにあたりどのサービスやベンダー（A社、B社、C社等）を活
用するのが良いか、テクノロジーと向き合うには多くの検討事項があり
ます。

　ある1つのテクノロジーが新たに発生したとき、少なくとも、そのテ
クノロジーを理解し、使えるようになるというエンジニア寄りの組織能
力が必要です。何を目的に活用され、自社のIT基盤にどう整合させ作り
こむか、どのベンダーのサービスが適しているか、技術的側面から理解
し評価するのです。
　これまで議論してきた新テクノロジーに対するユースケースの具体化
なども、その理解の仕方の一形態と言えるでしょう。その評価までは一
人で対応できるかもしれません。しかし本格的に活用し始めるには、複
数人の技術者が必要になります。
　外部ベンダー側の人材に頼ることも可能ですが、技術的内容を理解で
きる人材が自社内にいないと、外部ベンダーのレベルを正確に評価する

こともできなければ責任の所在もあいまいになりかねません。自社内で本格的に取り組むためには、社内CoE（Center of Excellence）を立ち上げて人材育成を進めていくことも必要になります。

　そのテクノロジーが自社にとって技術的に有益であるかは、実際のところ試してみないと分からない、ということもしばしばです。

　テクノロジーベンダーは、特定業界での成功があればそれを前提に他業界へ価値を訴求しますが、その段階では自社に適合する実績はないかもしれない。とはいえ、使ってみると大きな成果が得られるのかもしれない——。この不確実性は、本章の冒頭で触れた新しい技術への理解と体感というものと大きく関連します。

　新技術に触れた初期段階では投資対効果を説明できない、あるいは実績がなく説得力を得られない、というものであり、PoC（Proof of Concept）やPoV（Proof of Value）という工程を経て、その適用価値を定性・定量的に評価することになります。

　投資対効果を説明できない状況だとしても、はじめの一歩としてチャレンジすることができなければ、それは新しいことをやってはいけない、というメッセージになりかねません。

　ところが、PoCやPoVをやるにも人手と予算が必要です。人手があっても初期には知識がないので外部の力が必要となりお金がかかる。あるいは、お金はあっても社内で評価できる人が知識面でも余剰時間の観点からもおらず実行できない、とならないようにしたいところです。

　また、新技術に対しては、試してみようと実行を決定し、担当者や予算の調達から始まりますが、無い袖は振れません。予算計画を立案する段階ではまだ見ぬ新技術に対しても、PoCやPoVとして取り組む予算を含めておかねば、取り組み開始が翌年度まで持ち越してしまいますし、

対応する部署や担当者がいなければ同じことが起こります。定常的な保守運用や、計画されているプロジェクト予算以外にもその予算や担当者が必要です。

特定のテクノロジーを会社として初採用するといった場面ではなく、RPA、あるいはBIや分析ツールなど全社員を対象に活用を求め、担当者や個別部署単位でたくさんの小さな成果を求めるテクノロジーでは様相が異なります。

全社CoEとして、試してみるための数千万〜数億円程度の予算枠を一括で抱え、そのテクノロジーを初めてトライする部署や、少し難しいケースに取り組むといった場合に、一時的に外部ベンダーの力を借りるなど1件あたり数百万〜1000万円程度をキャップに割り当てるチャレンジ枠を設定するなどしているケースもあります。

そうすることで、現場レベルでのチャレンジ機会を創発し、そのテクノロジーの利活用を広げ、ユースケースを拡大していくのです。

このときに、活用し続けることを必須とすると苦しくなります。作ってはみたものの、想定と異なり使いづらい、とか、使わないほうが効率的といったケースもどうしても生まれてくるのです。

これらのチャレンジ枠に対しては、先行投資として個々のケースに対して将来の回収を求めるのではなく、**使った費用が返ってこない損失を前提に、管理可能な範囲で許容可能な損失を定めてチャレンジを推進していくことが重要**になるでしょう。

●テクノロジーの目利き

　テクノロジーが自社にとって有益であるかは前述の技術的側面での評価も重要ですが、ビジネス環境やオペレーションといった自社のニーズの側面も当然にして重要になります。

　自社の置かれている状況に応じて、AとBの2つの新技術に対して、どちらの効果が大きいか、実現までの投資金額やプロジェクト期間を鑑み、優先度をどう定めるか、検討せねばなりません。

　テクノロジーを活用する目的が先にあり、業務改革に必要なテクノロジーを探す場合には前述の生成AIを活用した業務改革プロジェクトの項で解説したように、その選定の進め方はおよそ共通理解があるものと思いますし、その過程で求められるテクノロジーの目利きに相当する方々は各社におられることでしょう。

　一方で、社内で特段のニーズを想定していない、あるいは想像できていないようなニーズに対して、一見すると社外で突然発生する新テクノロジーに対してはどうでしょうか。そもそもそのテクノロジーはどのようなもので、自社にとってどのような意味があるのでしょうか。

　その新テクノロジーが自社で活用するレベルに到達しているか、するのはいつごろかの見立ても重要でしょう。その時点で行われている社内のさまざまな変革活動やプロジェクトの時間軸に沿った判断も必要となります。

　社内の数多くの活動を把握し積み重なってくる社内ニーズという太い柱と、多くは社外からやってくる新たなテクノロジーというまだ成熟していないという意味での細い多くの枝を束ねて組み合わせて、将来の姿

という高付加価値な絵を描いていく、そのようなアーティストがCDO（Chief Digital Officer）やCTO（Chief Technology Officer）あるいは、その配下メンバーに求められてくるのでしょう。

　社内ニーズの把握という観点では長く在籍する社内人材が有利なケースが多いでしょう。ひとたび特定のテクノロジーに焦点が定まった後は外部から招聘することが有利な場合もあるでしょう。
　しかし特定のテクノロジーに限定したとしても、新技術に関する有識者は引く手あまたとなりやすく、中途での採用は難しいことが多いです。例えば、データ分析CoEを設置し、データサイエンティストを積極的に募集する企業も増えてきましたが、応募者も少なくなかなか採用に至らない、当初の採用計画を満たすことができず苦労している企業も少なくありません。

　では、リスキリングと称して既存の社員を育成するほうが望ましいのでしょうか。
　新技術を身につけるにはまとまった時間が必要です。既存の社員にその学習・トレーニング期間を割り当てることができるでしょうか。優秀な人材に身につけてもらうことが望ましいですが、優秀な人材ほど既存業務の繁忙で時間が取れなくなっているというのもよくある実態ですし、数学に触れぬまま十年単位で勤め上げてきた方々に、統計学を学びデータ分析・AI人材になっていただくというのは高すぎる目標かもしれません。

　改めて外部からの人材調達に目を向けると、向こうからやってくる個人採用を待つのではなく、有力な中小やベンチャーを買収するという能動的な手段もありえます。

この場合も、同様の議論をする大企業は少なくありませんから、検討を開始してコンタクトをする前にターゲットの企業が他社に買収されてしまった、などというケースもあります。その他社がソリューションベンダーであれば、一定のフィーのもと人材を活用できるかもしれませんが、買収したのが競合であったりした場合には、協力も期待できなくなりますし、ビジネス上の危機にもなりかねません。

　社内での育成と採用、このバランスのとり方もテクノロジーとの向き合い方の課題と言えるでしょう。

第 8 章
価値創造のための
プロジェクトマネジメント

第8章のサマリー

1. 価値創造経営の仕組み構築プロジェクトの3つの特徴

　以下3点の特徴をふまえ、価値創造経営の仕組み構築プロジェクトを遂行すべきである。

①全社横断的な変革
②グローバルでの取り組み
③大規模プロジェクト

2. 強力なリーダーを据える

　特徴①に挙げたように、価値創造経営の仕組み構築は、まず間違いなく全社的な取り組みとなる。全社的なデータ収集分析基盤を構築し、さまざまな部門で業務プロセスやルール／規程を変え、業績評価の仕組みにも手を入れることとなる。このような全社的な変革プロジェクトを成功させるためには、やはり強力なリーダーの存在が必要である。プロジェクトの規模にもよるが、役員クラスのメンバーを、プロジェクト専任で置くことが理想である。適任者が社内でみつからない場合は、社外の人材を活用することも積極的に考慮したい。

3. グローバルとの丁寧なコミュニケーション

　特徴②はグローバルでの取り組みとなる点であるが、海外グループ会社との丁寧なコミュニケーションが肝となる。海外とのコミュニケーションをミッションとするチームを組成し、現地にリエゾンを置くなどして、緊密なコミュニケーションを取りたい。また、プロジェクトの取り組みを、まず海外グループ会社から始めることも、一見奇手のようでその実、効果的である。海外メンバーのモチベーションを高く保ちながら、シンプルな業務プロセス・情報基盤を短期間で構築できる可能性を秘めている。

4. 大規模プロジェクトのマネジメント３つの要点

　最後に、大規模化したプロジェクトを成功に導く上で、３つのポイントを挙げた。まず１点目は、一度に何でもやろうとせず、完成形にたどり着くまでにいくつかステップを踏むこと。２点目は、実現可能な範囲で程よくチャレンジングなスケジュールを策定すること。３点目は、リーダーポジションを最小限に抑えたシンプルな体制とすることである。

●価値創造経営の仕組み構築プロジェクトの特徴

　最終章となる本章では、価値創造経営の仕組み構築プロジェクトならではの特徴と難所、対応策を示します。

　価値創造経営をデータドリブンで持続的な仕組みにするには、最終的には情報収集・分析のための基盤を構築することになります。また、業務プロセスの最適化や、ルール・規程類などの整備も必要となってきます。

　このような大掛かりな仕組みを構築する場合、多くの企業では、日々のルーティンワークの中で長い時間をかけて取り組むというより、社内外から多くの人的リソースを集めて短期間で取り組むことになります。つまり、プロジェクトの組成です。

　プロジェクトである限り、その立ち上げから完了まで、適切なマネジメントが必要です。本章では、価値創造経営の仕組み構築プロジェクトの特徴として、**①全社横断的な変革、②グローバルでの取り組み、③大規模プロジェクトの3点を挙げます**。以降でそれぞれの特徴が有する陥穽と回避策について論じていきます。

●特徴①：全社横断的な変革

　前章までの通り、価値創造経営にはまず分析すべきデータが必要です。そのデータ種には財務データもあれば、研究開発・調達・製造・販売や人的資本、サステナビリティに関する非財務データも含まれ、社内外のさまざまな部門からデータを収集することになります。

　また、データ分析の結果、全部門が能動的にアクションを起こすよう、各部門の業績評価や従業員個人の評価制度などに手を入れることも必要になります。

つまり、データ収集のための情報基盤整備や、業務プロセスや社内規程・ルールの変革を全社で進めるということです。

　このような全社的な変革では、往々にして、以下のような困難に直面します。

・関係する部署が多岐にわたり、合意形成だけでも異様に時間がかかる、もしくは合意にたどり着けない
・過去の慣習を変えられない、あるいは変革を拒む勢力に屈し、大方現状維持のままとなる
・各部門の個別の事情や要件を取り入れてしまい、全社最適ではなく部分最適の仕組みができあがってしまう

　これらに対処するには、コミュニケーションの方法など、さまざまな工夫が必要です。しかし、もっとも有効な策は、**「強力なリーダーをプロジェクトのトップに据えること」**です。自社に対する思い入れが強い社員、それも役員クラスをアサインすることがベストです。プロジェクトに対する強力なコミットメントを引き出すためにも、極力プロジェクト専任としたいところです。プロジェクトを社長直轄として、プロジェクトのリーダーに"錦の御旗"を持たせることもよく見かけますし、それなりの効果があります。ただ、それは本質的な対策ではありません。あくまでも強力なリーダーの存在が必要です。

　しかしながら、有能な社内人材は、他の仕事で出払っていることも多いと思われます。そのような場合は、外部に目を向けてみることです。最近では変革を専門としたCXOレベルの人材も、人材マーケットに多く見られるようになってきています。社内に適任者がいない場合、このような外部登用もオプションの1つとなり得ます。

さらには、自社で用意したリーダーではどうしてもスキルや経験が足りないと思われる場合は、外部のコンサルタントを雇うことも検討に値します。経営コンサルタントには、筆者のようにプロジェクトのマネジメントを専門とするメンバーも存在します。餅は餅屋と割り切り、期間限定で外部のスキルや経験を"買う"ことも検討してみてください。そのスキルを社内メンバーに習得させれば、貴重なプロジェクトマネジメント人材の育成にもつながります。

　ただし、当然のことながら「経営コンサルタントに任せたのだから、何から何までやって貰おう」と考えるのは2つの点で問題であり、それは避けるべきです。
　1つは非常にシンプルに「コストが雪だるま式に膨れ上がる」事であり、もう1つは、「外部コンサルタントに任せてしまうと変革の実効性が限定されてしまう」ということです。

　外部リソースを雇えば雇うほどコストが増加するのは説明を要しないので、2つ目のポイントに絞って論じると、多くの企業では、プロジェクトをリードすべき人材、参画すべき人材は、共に現業でもエース級であることがほとんどで、「代わりに経営コンサルタントを入れて何とか進めよう」となりがちです。
　これは、プロジェクト立ち上げ時にはどうしても必要な措置ですが、計画フェーズの中盤、遅くとも実行準備フェーズ・実行フェーズに移っていくタイミングで、社内のエース級を参画させてプロジェクトをリードさせ、経営コンサルタントにリードさせる状態から脱却すべきです。

　なぜなら、筆者の経験上、価値創造経営のような部門横断的なプロジェクトでは、特に顕著に「総論賛成・各論反対」になりがちであり、実行

準備フェーズ・実行フェーズで急に進捗が足踏みするケースが多く、その原因として、外部コンサルタントが言っていることに「総論賛成・各論反対」が多発することが挙げられます。

　当然、外部コンサルタントは「あるべき」や「他社事例・先進事例」を駆使して変革を最大限支援しますし、それは必要な要素です。しかしながら、変革を社員一人ひとりに納得させる、あるいは、納得しきらないまでも実行させることに対し、外部コンサルタントができることは世間一般のイメージより限定的、というのが筆者の見解です。

　社内のエース級と経営コンサルタントを最適にリソースミックスしてプロジェクトを進めることが成功を導くカギである、と言い換えることができると考えています。

【プロジェクトリーダーにまつわるエピソード①】

　本章では、筆者達が実際に経験したエピソードをいくつか紹介します。

　ある大規模トランスフォーメーションプロジェクトでのこと。そのプロジェクトでは、外部登用のCXOをプロジェクトリーダーに据えることとなりました。社外から来た人材でしたが、変革に対する想いはプロパー社員をも凌ぎ、ミッションを全うしようという意気込みの強さは、コミットメントの鬼を自称する私から見ても、素晴らしいものでした。

　そのコミットメントの強さを象徴する一例として、彼は執務室に寝袋と枕を持ち込んでいました。24時間戦い続けるという強烈な意思表示です。いや、表示するのみならず、実際に活用していました。夜中に寝袋から出てきた後、私の携帯電話が鳴ることには閉口しました。しかし、プロジェクト全体に、「これは何があってもやらねばならん」という緊迫した雰囲気は醸成されていました。

　現代日本の世相には合わないかもしれませんが、このくらいの不退転

の決意を持ったリーダーと、プロジェクトという戦場でまた相まみえたいものです。

●特徴②：グローバルでの取り組み

　価値創造経営の仕組みは、当然国内だけに留まるものではありません。データ収集も分析も、その後のアクションも、海外グループ会社を巻き込まなければ不完全なものとなります。

　ここで、日本企業には頭の痛い問題が生じることになります。**海外グループ会社には本社からのガバナンスが効いておらず、プロジェクトへの協力が得られない**、という課題です。

　日本企業では、言語の問題も相まって、往々にして現地のことは現地任せになってしまっているケースが多く見られます。

　価値創造経営に類する取り組みにしても、海外現地法人やリージョンごとに、独自のITシステムやデータの分析手法、業績評価の仕組みが導入されていることもあります。

　このような場合、「自分たちは自分たちなりによくやっていて成果も出している」、「何をいまさら本社の言うことを聞かなければならないのか」となり、プロジェクトへの協力を引き出すことが困難となります。

　対策としては、**時間をかけて、こまめに丁寧なコミュニケーションを取る**、ということに尽きます。ただ、これがなかなか難しく、もう少し具体化してみる必要があります。

　まず対策の1つとして、海外現地法人とのコミュニケーションをミッションとするチームをプロジェクト内に組成することが挙げられます。

このチームが、プロジェクトの背景や目的、海外現地法人に対するメリットを根気強く説明していきます。週次などのサイクルでオンラインミーティングを開催しつつ、プロジェクト開始の際のキックオフミーティングや、その後も四半期に一度などの頻度で現地に赴くと効果的です。

　プロジェクトを遂行するメンバーもやはり人間です。膝突き合せ、侃々諤々の議論を交わし、同じ釜の飯を食って酒を酌み交わす中で、信頼関係が構築されます。肝胆相照らす仲となれば、その後の作業もスムーズに進むことと相成ります。

　また、要件定義などのプロジェクトの重要な局面では、現地とプロジェクトの橋渡し役であるリエゾンを海外グループ会社に常駐させることも一案です。

　会計担当や物流担当など、領域別に複数名派遣できると理想的です。コミュニケーションルートも整理され、コミュニケーションミスやロスによる問題の発生を未然に防ぐことができます。

　さらには、海外現地でコンサルタントを雇い入れてもよいでしょう。例えば、米国であれば米国の現地コンサルタントを雇い、米国現地法人メンバーの作業支援にあたらせる、という具合です。やはり、同じ言語を扱い、現地の商習慣を理解する者たち同士の方が、話が早く進むことも多々あります。

　また、コミュニケーションにおける対策以外にも、**「海外から始める」**という手もあります。データ収集のためのIT基盤構築や新業務プロセスの導入を海外現地法人から始め、ある程度成熟した段階で日本にも導入する、というアプローチです。この手法には、主には2つのメリットがあります。

まずは、**海外現地法人のモチベーションを上げられる**点です。

誰でも、言われてやること、押し付けられてやることには気が進みません。逆に、自分たちが先陣を切って、グループ全体に範を示すということであれば、否が応でも士気が上がるというものです。今まで腰が重かった現地法人にも当事者意識が芽生え、主体的にプロジェクトに関わることが期待できます。

2点目のメリットとしては、**シンプルな業務・システムを短期間で構築できる**点が挙げられます。

海外現地法人の方が日本の本社に比べ、扱う商材が限られていて、商流や業務もシンプルであるケースが多く見受けられます。また、筆者の経験上、海外の方が細かいシステム機能に執着しない傾向にありました。そこで、まずは海外で必要最小限の機能を持ったシンプルな業務・システム基盤を構築します。これをグローバルテンプレートとし、各国に導入しながらその国固有の要件を最小限取り込み、徐々に育てていくのです。

その後、ある程度完成度が高まったタイミングで、日本にも導入します。その際、他国の社員が既に使いこなして作業できている仕組みであれば、そこに日本独自要件をあれもこれも追加する、という力学は働きにくくなります。結果として、システム開発工数やプロジェクトに要するコストを抑え、期間の短縮にもつながる可能性を秘めています。

グローバルプロジェクトにおいては、以上のようにコミュニケーション手法や作業アプローチなどで策を講じることで、現地法人の協力を引き出し、成功の確度を高めることができます。ここでの内容も参考に工夫を凝らし、価値創造経営の網をグローバルに張り巡らせて頂ければと思います。

【プロジェクトリーダーにまつわるエピソード②】

　2つ目は、世界中に200以上のグループ会社を持つ製造業のグローバルプロジェクトでの出来事です。そこで出会ったプロジェクトリーダーも、特に筆者の印象に残っています。

　彼の役職は次長であり、プロジェクト体制図上はその上に部長や本部長・CFOなどが名を連ねていましたが、彼に対して公式に設定されたrole & responsibilityを越えて「プロジェクトが成功するために何をすべきか？」だけを考えて行動しているように見えました。

　実際、私だけでなくグループ会社の社長やCFO/CIOなどにも彼の姿はそのように映っており、彼と共に会議室に入ると、北米であろうが欧州であろうが東南アジアであろうが、誰もが会議に集中し、緊張感をもって議論に参画していました。

　ある日、北米のグループ会社との会議に彼と筆者が現地で参加していた時に、会議開始後3時間が経っても議論が平行線をたどってしまったことがありました。その状況を見かねて、筆者が彼とグループ会社との"落としどころ"を思いついて勝手に発言したところ、「俺は本社としてグループの最適解を提案しているのだ。PwCのあなたに勝手にそれを曲げられては困る。撤回しなさい」と、その場で彼に大声で叱られたことがありました。

　私は善意で発言したつもりでしたし、グループ会社の社長も大きく頷いていたので、彼の怒りには面食らいましたが、結果的に「グループの最適解」を軸にそれぞれのアクションアイテムが決まって、会議はお開きになりました。

　ちなみに、彼は必ずしもバイリンガル級の英語を操る人物ではありませんでした。ただしその分、会議中はずっとメモを取り続け、必要な時には筆者に通訳させたりしながら、上述したような信念と気迫を明確な言語にして、常にその場でぶつけていました。

この出来事は、グローバルコミュニケーションのあり方について１つの好例を学んだ機会でもありました。

●特徴③：大規模プロジェクト

　価値創造経営の仕組み構築は、今まで述べてきた通り、全社規模かつグローバルでの取り組みとなります。加えて、情報収集基盤を整備する場合は、システム構築も伴い、時に1,000人を超える大規模なプロジェクトとなります。

　このような大規模プロジェクトでは、規模の大きさを踏まえた適切なプロジェクトマネジメントが重要となります。少しでもマネジメントを間違えると、いつまでもゴールに到達できないデスマーチと化したり、プロジェクトが途中で頓挫し、その大規模さゆえに会社に甚大な損害を与える可能性があります。

　ここでは、大規模プロジェクトのマネジメントの要点として、3点に絞り、説明していきます。

①一度に全部やらず、徐々にやる

　まず1つ目の要点は、一気にすべてを実現しようとせず、いくつかのステップに区切って徐々に完成形を目指す、ということです。大規模プロジェクトでは、その変革の大きさゆえに、さまざまな改革テーマやアイテムが並ぶことになりますが、それらに優先度を付け、実現時期をいくつかに分けて最終ゴールに到達するようにすると、リスクも分散でき、成功の確度も高まります。エベレストなどの高山に、途中途中でベースキャンプを張りながら登頂するようなイメージです。

　プロジェクトには大量の資金やマンパワーを投入することになるため、

そこでは当然ストレッチした野心的な目標が掲げられるべきです。企業の経営層としても、「すぐやれ、今やれ、もっとやれ」と、プロジェクトに過度な期待を寄せたくなるものです。

その一方で、人・金・時間といった使えるリソースには限りがあり、やりすぎれば頓挫します。よって、一度になんでもやろうとせずに、最終完成形に行きつくまでをいくつかのステップに区切ることが必要です。

例えば、第1ステップでは会計領域の改革を本社のみで実行、第2ステップでは改革領域を調達・製造・販売領域に拡大、第3ステップでは本社での改革を、国内グループ会社に展開、第4ステップでリージョン毎に海外に展開して最終形に到達するという具合です。このステップに大まかな期日を加えると、プロジェクトのロードマップとなります。図表8-1はその一例です。

②程よくチャレンジングなスケジュールを策定する

2つ目の要点は、程よくチャレンジングなスケジュールをひくことです。もちろん、スケジュールを無理に短縮せよ、ということではありません。実現可能な範囲で、少し背伸びをした期日設定を持つスケジュールを策定しましょう、ということです。これは、プロジェクトメンバーの士気を高めることにつながります。プロジェクトに推挙されるような能力の高いメンバーであれば、普通のことより、少し難しい目標を課される方がやる気も出るものです。精神や気分が高揚し、集中力も高まり、通常よりも多くの質の高いアウトプットを生み出すことができます。神輿をかついだり山車を曳く祭りのような状態を生み出せると理想的です。

③体制はシンプルに

3つ目の要点は、プロジェクトの体制は極力シンプルに構築すること（特にリーダーポジションにおいて）です。大規模プロジェクトでは往々

にして、ここにリーダーをもう一人とか、その下にサブリーダーも必要だと、多くのリーダー級のメンバーが登場しがちです。時として責任やミッションが不明確なリーダーが何人も生まれ、皆でお見合い状態となり、誰も見ていない守備範囲にポテンヒット（作業の抜け漏れ）が生まれてしまうことがあります。そのことに気付くのは、大体時間が経って問題が大きくなってからです。

　このようなケースを防ぐためにも、「リーダーを直列に何人も配置する」「リーダーポジションに連名で2名をアサインする」などは避けるべきです。リーダーの下にサブリーダーを多数配置することも、チーム間連携がされにくいサイロ化された状態を生むので、お勧めしません（図

図表8-1：変革のロードマップ（例）

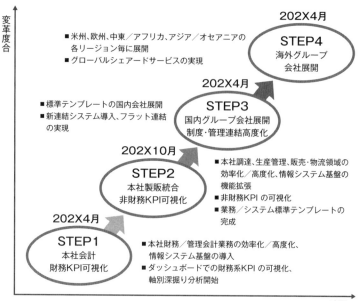

表8-2、8-3)。

　リーダーポジションを最小限にすることで、責任や役割、指揮命令系統も明確になります。余分な進捗報告会議などもなくなり、効率的にプロジェクトを運営できます。ただし、リーダーのポジションを減らすことは、すなわち一人のリーダーが担当する範囲を拡げることになります。よって、リーダーに充てる人材の能力や経験を見極めながら、体制を構築することが肝要です。

　以上、大規模プロジェクトのマネジメントの要点を3つ述べました。まとめると、**①完成まで適切なステップを踏むロードマップを作成し、②短期間で成果を出す程よくチャレンジングなスケジュールを策定して、③シンプルな体制でプロジェクトを遂行せよ**、となります。この3点は、大方のプロジェクトに当てはめることができる基本的な事項と考えます。ぜひ参考にして頂ければ幸いです。

【プロジェクトリーダーにまつわるエピソード③】

　ある大規模プロジェクトでは、一度に多くのことを目指すあまり、ゴールに到達できる目途が立たず、プロジェクトの期日を1年も延期することとなりました。

　その延期を決める会議に、筆者はプロジェクトの立て直し役として参画していました。クライアント側のプロジェクトのリーダー、確かに強力なリーダーシップを発揮しているようには見えず、延期もさもありなんと感じていた時でした。

　そのリーダーは最後にこう語りました。

　「私たちには、スキルや経験など、足りないものがたくさんある。至らない点が本当に多い。それゆえ、今回プロジェクトの期日を延期するような羽目に陥ってしまいました……。ただ、私たちは変わりたいんです。

変わらなければ我々の会社はこの先、生き残れないと思っています。だから、本当に、変わりたいんです。でも、どうしても知識も経験もスキルも足りない。そこをどうにか、どうにか助けてほしい。どうか、この先、よろしくお願いします」

　普段、激することもなく、淡々とした方だったので、正直意外に感じました。こんなにも自分の組織に対して熱い想いを持っていたとは……。私たちコンサルタントも働くマシンではありません。義理人情を大切にし、浪花節の世界に生きるメンバーも多数存在します。変わりたいという熱い想いに直面すると、絶対にどうにかしたいと思うものです。このときの言葉には大いに鼓舞されました。

　そのプロジェクトは、その後もさまざまな課題を抱えながらも、実現可能なまでに目標を狭め、なんとかギリギリではあったものの、再設定した期日までに完了させることができました。今振り返っても、成功へのターニングポイントは、期日延期を決めた会議での、リーダーのあの熱き言葉でした。プロジェクトの成功要因として、リーダーの存在が大きいことを改めて思い知った、今でも忘れられないエピソードです。

最後に

　私たちが本章を執筆しようと考えた理由は、ある信念によります。それは、世の中のプロジェクトが数多く成功し、より多くの企業が更なる価値を創出することが、この混沌とした世界にポジティブな影響を与える、というものです。この信念が正しいと、どうにか実証したいと考えています。本稿が皆様のプロジェクトの成功の一助となれば、望外の喜びです。

図表 8-2：課題を内包する体制（例）

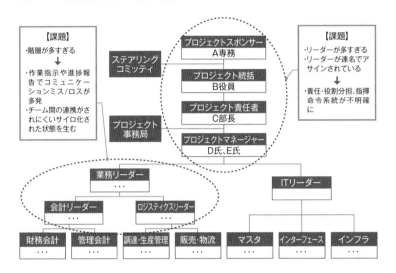

図表 8-3：シンプル化された体制（例）

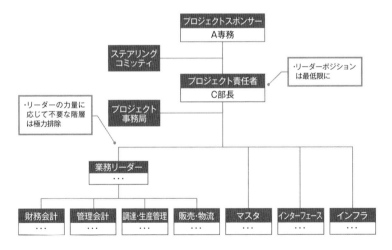

おわりに

　本書を最後までお読みいただき、誠にありがとうございました。

　読者の皆様はどのようにお感じになられたでしょうか？

　本書のような内容を経営者の方とお話しした際に、「これは地殻変動だ」とおっしゃった方がいらっしゃいました。慣れ親しんだ財務中心の経営から非財務を含む統合的・体系的な経営に変革する必要がありますし、そのためには全社・全部門を巻き込んだ取り組みが必要になります。そう、確かに「地殻変動」だと思います。「社会や経済が地殻変動しているので、経営も地殻変動のような変革が必要になるのは分からなくはないが、そのような大掛かりな取り組みの必要性を全社に認識させた上でそれをリードするなんて、どの部門の誰ができるのか」ということで二の足を踏まれる企業も多いのではないかと思います。

　このような経営のあり方を大きく変えるような「地殻変動」は、実は四半世紀ほど前にもありました。ある程度の年齢の読者であれば憶えておられると思いますが、西暦2000年の、いわゆる「会計ビッグバン」です。この時は、金融及びビジネスのグローバル化に対応するため、単体中心の開示から連結中心の開示への変更、キャッシュフロー計算書の導入などが大きな変化点でした。このような大きな変化に対して、開示制度対応としての連結決算とキャッシュフロー計算書の作成を行うことに留まった企業もあれば、開示制度がそう変わるなら開示の趣旨からして経営のあり方も「連結経営」「キャッシュフロー経営」に変えるという「経営変革」に取り組んだ企業もありました。今でこそ連結経営なんて当たり前になっていますが、当時は連結経営への変革という地殻変動に二の足を踏む企業は非常に多く、連結経営に移行する企業が増えてくるまで様子見を行うというのが主流でした。しかし、結果としては、いち早

く経営変革に取り組んだ企業と開示対応だけに留めた企業とでは、数年後のパフォーマンスにかなりの差が生じてしまったと記憶しています。

　例えば、筆者が知る限りSEC上場企業以外でいち早く連結経営・キャッシュフロー経営への変革に取り組んだ企業の1つは、1997年に「連結経営プロジェクト」を立ち上げ、3年かけて連結経営を実現されました。その後、同社の社長がおっしゃった「あの時、連結経営プロジェクトをやっていなかったら今の当社はない」という言葉が今も印象に残っています。実際、この企業は、25年ほど経った今では売上高4.5倍、企業価値（株式時価総額）は3倍になっています。

　「そうは言ってもウチはなかなか……」という方は、現在の企業価値（株式時価総額という意味ではなく、将来キャッシュフローの割引現在価値）を測定し、ありたい企業価値とのGAPを可視化してみるのも、地殻変動への準備として有効なアプローチかもしれません。現在の企業価値から、ありたい企業価値に持っていくためには、どのパラメーター／ドライバーをどれだけ動かす必要があるかをシミュレーションするわけです。

　GAPを共通認識できれば、それをどう埋めるかという議論を始める土壌ができます。土壌が形成されれば、このGAPを埋めるシナリオこそが価値創造ストーリーであり、その良否や進捗を管理可能にするためにKPIを設定するということについて合意形成しやすくなるのではないでしょうか。

　皆様の企業が社会や経済の激動に対応し、価値創造や企業価値向上を進められる上で本書が少しでもお役に立てば、執筆者一同この上ない喜びです。

執筆者紹介

全体監修

森本 朋敦 もりもと とものぶ
PwC コンサルティング合同会社
ビジネストランスフォーメーションコンサルティング事業部

経営計画、管理会計、原価管理、KPIマ
ネジメントを中心に、生産管理、在庫管
理、技術管理などを含めて経営管理全般
のコンサルティングに従事。

第1章

小林 たくみ こばやし たくみ
PwC コンサルティング合同会社
ビジネストランスフォーメーションコンサルティング事業部

マネジメントコンサルティング・テクノ
ロジコンサルティング双方の専門性を有
する。コーポレート機能の戦略立案から
改革実行に至るエンドツーエンドでの
リード経験を多数持つ。

第2章

安田 裕規 やすだ ひろのり
PwCあらた有限責任監査法人
サステナビリティ・アドバイザリー部

財務、非財務の情報開示規制、グローバ
ル経営管理体制、リスクマネジメントフ
レームワークの構築等、企業経営ガバナ
ンスに特化した専門性を有する。

中村 良佑 なかむら りょうすけ
PwCあらた有限責任監査法人
サステナビリティ・アドバイザリー部

会計監査、品質管理本部、財務諸表関連
のコンサルティングのバックグラウンド
を持ち、財務、非財務を含めたコーポレー
トレポーティングのアドバイザリーに幅
広く従事。

第3章

矢尾 優樹 やお ひろき
PwC コンサルティング合同会社
ビジネストランスフォーメーションコンサルティング事業部

財務経理及び経営企画領域における戦略
立案、業務改革を中心とした専門性を有
する。先端テクノロジーを活用した経営
改革を海外、国内双方で統括した経験を
多数持つ。

第4章

小池 亮 こいけ あきら
PwC コンサルティング合同会社
ビジネストランスフォーメーションコンサルティング事業部

グローバル企業における経営管理・管理
会計の変革の構想策定、要件定義、シス
テム導入、運用定着に関するコンサル
ティングに従事。

第5章

竹内 佑輝 たけうち ゆうき
PwC コンサルティング合同会社
ビジネストランスフォーメーションコンサルティング事業部

経営管理や管理会計の業務・IT構想、
要件定義、システム導入ほか、中期経
営計画策定や事業戦略/実行計画策定や
DX推進のコンサルティングに従事。

第6章

駒井 祐太 こまい ゆうた
PwC コンサルティング合同会社
ビジネストランスフォーメーションコンサルティング事業部

幅広い業界において将来構想策定、経営
管理制度構築、システム導入、及び業務
プロセス改革や組織・人材変革などのプ
ロジェクトに従事。

第7章

東海林 隆一 しょうじ りゅういち

PwC コンサルティング合同会社
テクノロジー＆デジタルコンサルティング事業部

新規事業企画やさまざまな領域の業務改革プロジェクトを多数経験。近年はAI/Analyticsを活用した高度化やDX組織開発などのコンサルティングに従事。

高橋 功 たかはし いさお

PwC コンサルティング合同会社
テクノロジー＆デジタルコンサルティング事業部

データアーキテクチャ、データガバナンスを始めとするデータマネジメントの専門性を有し、データ活用環境の企画構想、システム導入、運用サポートまでの一貫したコンサルティングに従事。

第8章

下山 真太郎 しもやま しんたろう

PwC コンサルティング合同会社
ビジネストランスフォーメーションコンサルティング事業部

製造業、金融、商社など、幅広い業種の経営・業績管理改革や業務プロセス・システム改革プロジェクトを経験。多数のグローバルプロジェクトをリード。

吉川 正章 よしかわ まさあき

PwC コンサルティング合同会社
ビジネストランスフォーメーションコンサルティング事業部

大規模プロジェクトのマネジメントに強みを有する。全社基幹業務/システムの変革、経営管理の高度化、全社リスク管理の高度化、地政学リスク対応など幅広いプロジェクトをリード。

執筆サポート

堀江 絢子 ほりえ あやこ

PwC コンサルティング合同会社
ビジネストランスフォーメーションコンサルティング事業部

経理財務および経営企画領域を中心に業務改革やシステム導入に従事。価値創造経営をテーマとした構想策定や経営改革を支援。

西出 祐介 にしで ゆうすけ

PwC コンサルティング合同会社
ビジネストランスフォーメーションコンサルティング事業部

ERPシステム導入支援、原価計算システムの再構築、経営管理構想策定のコンサルティングに従事。

［編著者］

PwC Japanグループ

PwC Japanグループは、日本におけるPwCグローバルネットワークのメンバーファームおよびそれらの関連会社の総称。各法人は独立した別法人として事業を行っている。複雑化・多様化する企業の経営課題に対し、同グループでは、監査およびアシュアランス、コンサルティング、ディールアドバイザリー、税務、そして法務における卓越した専門性を結集し、それらを有機的に協働させる体制を整えている。また、公認会計士、税理士、弁護士、その他専門スタッフ約10,200人を擁するプロフェッショナル・サービス・ネットワークとして、クライアントニーズにより的確に対応したサービスの提供に努めている。

【実践】価値創造経営
財務・非財務の連鎖で企業価値を向上する

2023年12月12日　第1刷発行

編著者	PwC Japanグループ
発行所	ダイヤモンド社
	〒150-8409　東京都渋谷区神宮前6-12-17
	https://www.diamond.co.jp/
	電話／03-5778-7235（編集）　03-5778-7240（販売）
装丁	Pyrusgraphics 梨木崇史
本文デザイン・DTP	髙澤輝行
製作進行	ダイヤモンド・グラフィック社
編集協力	エディターシップ
印刷	加藤文明社
製本	ブックアート
編集担当	田口昌輝、寺田文一